murs et plafonds

ARABOUT CÔTÉ **BRICO**

MARABOUT

murs et plafonds

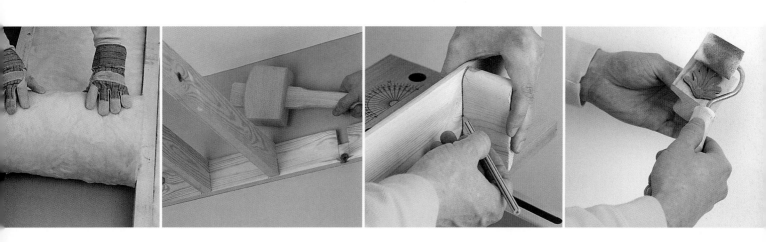

MARABOUT CÔTÉ **BRICO**

sommaire

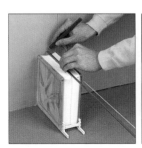

Les murs en pavés de verre constituent un bon élément de décoration et sont très faciles à construire, voir page 62.

Le papier texturé est simple à poser et contribue à la protection de la surface du mur, voir page 100.

introduction

L'amélioration de sa résidence est devenue un passe-temps
national depuis que les gens ont davantage de temps à consacrer
à leurs loisirs. Cela devient moins cher et donne satisfaction
au bricoleur amateur; d'où le développement des commerces
conçus pour ces adeptes du travail personnel d'équipement
et de décoration de la maison. Ils leur offrent choix, conseils, et même stages de formation.

de la réparation à la rénovation

Aujourd'hui, aucun travail n'est, en principe, hors
de portée du bricoleur doté d'un bon équipement, et
respectant les règles élémentaires propres aux différents
domaines auxquels il peut s'intéresser. L'élévation
du niveau de connaissances techniques et la mise sur
le marché de produits prêts à monter, qui ne demandent
plus ni outillage spécial ni tours de main particuliers,
permettent à un nombre sans cesse croissant de
bricoleurs d'aborder des travaux jusqu'alors réservés
aux professionnels. L'amateur avisé s'évitera pourtant
bien des déceptions en cernant ses limites avant de
se lancer dans des travaux qui sont nouveaux pour lui.

Cet ouvrage aborde les travaux de réparation
et de rénovation réalisables sur deux des éléments
structurels majeurs d'une habitation, les murs et les plafonds.

Les réparations consistent à remettre les équipements
dans leur état d'origine ou, au minimum, de faire en sorte
qu'ils refonctionnent correctement. Elles font donc appel à
des techniques proches de celles utilisées pour installer ou
réaliser l'équipement. La rénovation, elle, modifie le plus
souvent l'aspect d'un ouvrage et fait souvent appel à la
créativité voire au sens artistique du bricoleur.

Tout le monde sait, en général, déceler s'il est temps
d'adapter ou de modifier tel ou tel élément d'un environnement
domestique; mais il est plus difficile de cerner l'étendue du
travail et de prévoir avec précision le résultat final.

Les difficultés techniques et le budget nécessaire
tempèrent souvent les désirs de changement de l'amateur.
Il faut aussi tenir compte de ses propres aptitudes
techniques, des choix esthétiques, des outils et des
matériaux et, enfin, de l'aide dont on peut disposer. Tous
ces paramètres doivent être appréciés sans complaisance.

Avant toute chose, établissez un budget précis, même pour
les travaux les plus modestes. Nous abordons cette question
au chapitre 2. Les considérations budgétaires pèsent toujours
fortement sur chaque choix technique, et constituent souvent
l'élément déterminant qui limite l'étendue des travaux à réaliser.

Le bricoleur travaille aussi bien par nécessité que
par plaisir. Ses choix sont donc autant le résultat
des besoins que de ses envies personnelles. La valeur
marchande de l'habitation peut s'en trouver nettement
améliorée, à condition, bien sûr, qu'il travaille dans les règles
de l'art. En effet, si la plupart des petits travaux d'équipements
n'améliorent le plus souvent que le confort et la physionomie
des pièces, les interventions sur les murs et les plafonds
modifient presque toujours l'aspect général du logement
et donc l'attrait qu'il peut exercer sur un acheteur potentiel.

Les choix diffèrent donc selon qu'il s'agit simplement
d'adapter un équipement aux besoins des occupants

À GAUCHE *Si le passe-plat installé entre deux pièces rend
des services appréciables, il peut également améliorer
la luminosité d'une pièce sombre.*

À DROITE *Une cloison en pavés de verre – qui ne peut jamais
être porteuse – permet d'éclairer généreusement une pièce
aveugle ou dont la fenêtre est orientée au nord.*

ou de prévoir une mise en vente à plus ou moins brève échéance.

Pour que chacun puisse cerner facilement les possibilités d'entreprendre divers travaux, nous passons ici en revue les multiples techniques et options pratiques à examiner avant d'entamer un chantier sur un mur ou un plafond. Certaines techniques mobilisent un savoir-faire plus important que d'autres. Ne surestimez donc pas vos aptitudes. Si vous pensez qu'un chantier risque de vous conduire au-delà de vos capacités, sollicitez les conseils d'un spécialiste, ou inscrivez-vous à un stage de formation proposé par les commerces spécialisés, un club, une association de quartier, un fournisseur d'outillage, etc. C'est dans les domaines de la plomberie (spécialement du chauffage) et de l'électricité que le problème est souvent le plus préoccupant. Mais surtout, ne faites jamais passer au second plan les considérations de sécurité, même si votre activité professionnelle vous a familiarisé avec les techniques à mettre en œuvre : la sécurité est le seul domaine où l'on ne doit accepter aucun compromis.

niveau de difficulté

Les symboles ci-dessous donnent une indication du niveau de difficulté correspondant à chaque travail, en fonction du savoir-faire nécessaire et des techniques à mettre en œuvre. Néanmoins, selon la formation de chacun, un travail qui paraît aisé pour certaines personnes, semblera plus difficile à aborder pour d'autres.

Ne nécessitant qu'une expérience technique sommaire.

Assez simple pour une personne expérimentée.

Difficultés techniques mobilisant un savoir-faire relativement diversifié.

Niveau élevé avec maîtrise de plusieurs techniques.

aspects esthétiques et techniques

Les murs et les plafonds, qui sont par nature les plus grandes surfaces constitutives d'une habitation, forment donc les éléments déterminants de son aspect général. Certes, les revêtements et décorations déterminent en grande partie l'aspect final, mais leur influence reste limitée par la disposition et les dimensions des pièces. Au-delà des goûts personnels, il ne faut donc pas négliger les considérations architecturales.

Ainsi, si vous avez envie de poser un plafond suspendu dans une demeure de style, ce choix peut fort bien repousser la plus grande partie des acheteurs potentiels qui ne retrouveraient plus à l'intérieur l'esthétique qui les aura séduits à l'extérieur. Vos choix doivent donc rester circonscrits dans un domaine déterminé par des considérations à plus ou moins long terme.

Il n'est pas rare que l'on décide d'apporter des modifications relativement importantes à certaines cloisons, tandis que l'on répugne généralement à intervenir sur les plafonds en se contentant de leur donner une simple couche de blanc pour finir la rénovation de la pièce. Pour combattre cette habitude, nous détaillons dans cet ouvrage les multiples possibilités d'interventions sur les plafonds – tant décoratives que structurelles – en complément des travaux de rénovation réalisables sur les murs et les cloisons.

Plus généralement, ne considérez pas seulement les plafonds sous un angle technique, comme la face supérieure d'une pièce. N'oubliez pas que c'est aussi et surtout une partie du décor qui participe à l'harmonie de la pièce ; ce qui signifie que le plafond de chaque pièce doit être traité comme une surface complémentaire de celle-ci.

Dès que l'on touche aux cloisons et aux plafonds, les aspects de sécurité s'avèrent très importants. Il importe donc de bien connaître la structure de ces surfaces avant de s'y attaquer. Cette dernière peut d'ailleurs énormément varier selon le style et l'âge de la demeure, surtout si elle a subi plusieurs modifications et/ou extensions. C'est pourquoi nous avons consacré les premiers chapitres à l'examen très détaillé des structures des cloisons et des plafonds.

Les travaux de rénovation ou de réparation peuvent prendre l'ampleur que vous souhaitez leur donner, du moment que vous les programmez en fonction de vos aptitudes et de votre expérience. Les chapitres suivants vous démontreront que les estimations sur la complexité des cloisons et des plafonds sont plus des mythes que des faits avérés. Nous insistons aussi sur les diverses méthodes disponibles pour obtenir chaque type d'aspect des surfaces finies. Vous serez étonnés (et vous étonnerez vos amis) par le résultat de vos travaux, sous réserve de respecter l'ordre des étapes, sans omettre de lire ces deux premiers chapitres avant d'étudier les divers projets proposés.

Par-dessus tout, rappelez-vous que tout ouvrage doit rester une source de plaisir pour le bricoleur, mais que cet agrément nécessite de ne négliger aucun paramètre. C'est ce que cet ouvrage vous incite à faire.

À DROITE *Les teintes vives font toujours ressortir les formes et la texture des murs et des plafonds.*

PAGE PRÉCÉDENTE *Le lambrissage, qui connaît un regain d'intérêt pour la décoration des murs, peut aussi s'appliquer au plafond.*

comment utiliser cet ouvrage

Les informations sont présentées d'une façon qui facilite la compréhension et permet d'assimiler rapidement chaque opération. Ci-dessous, vous trouvez le schéma général de cette présentation avec les différentes entrées de lecture. Les photographies et dessins en couleurs complètent le texte, déroulé selon la suite logique des opérations, avec des instructions faciles à retenir. Des encadrés attirent l'attention sur les questions de sécurité, les variantes possibles, les conseils, les tours de main et les trucs.

Les pastilles colorées de la pagination permettent de retrouver les chapitres.

La liste des outils est indiquée en ouverture.

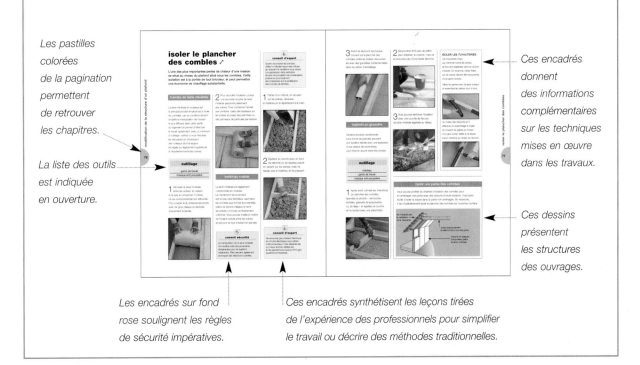

Ces encadrés donnent des informations complémentaires sur les techniques mises en œuvre dans les travaux.

Ces dessins présentent les structures des ouvrages.

Les encadrés sur fond rose soulignent les règles de sécurité impératives.

Ces encadrés synthétisent les leçons tirées de l'expérience des professionnels pour simplifier le travail ou décrire des méthodes traditionnelles.

structure des murs et plafonds

La diversité des structures
et des constitutions des murs
et des plafonds est d'autant plus grande
que la construction est ancienne.
Les matériaux et techniques modernes
ont en effet entraîné une standardisation
de la construction depuis ces trente
dernières années. Une touche
architecturale peut aussi apporter
une vraie différence.
Enfin, les constructions les plus
récentes incorporent des techniques
d'isolations thermique et acoustique
fondées sur des structures composites
dans lesquelles toute intervention
doit être menée avec précaution.
Ce chapitre passe en revue
les structures les plus courantes.
Les techniques de construction
des murs et plafonds y sont détaillées
en soulignant les points spécifiques
auxquels on doit accorder une attention
particulière quand on effectue
des travaux.

11

Le volume de ce logement a été remanié
avec la découpe du plafond du séjour
et le traitement de l'étage en mezzanine.

constitution générale

Avant d'entamer quelque modification que ce soit
sur les murs ou les plafonds – à l'évidence, éléments principaux
de la structure – examinez soigneusement la constitution
générale de la construction. Vous pourrez ainsi retrouver
les traits fondamentaux de son architecture et mieux comprendre
ses caractéristiques structurelles et ses points particuliers.

conseil sécurité

Une construction ancienne plusieurs
fois modifiée peut réunir des éléments
de structures différentes, entre
lesquels la frontière est souvent difficile
à déterminer. N'hésitez pas à consulter
un professionnel si vous doutez
de la fiabilité de votre diagnostic.

La structure des murs – pleins ou à
double paroi – détermine une première
classification grossière des constructions,
qui recouvre une importante diversité
de matériaux et de techniques. De plus,
il n'est pas rare qu'une construction
ancienne combine des parois
de structures différentes. Il faut bien
comprendre les spécificités de chaque
technique pour évaluer correctement
les caractéristiques de la maison.

Quelle que soit leur structure,
on peut répartir les murs en deux
catégories : ceux qui supportent
une charge et les autres. Si les murs
porteurs ont un rôle fondamental
dans la cohésion structurale de la
construction, les autres ne servent
qu'à séparer les volumes, et les travaux
réalisables diffèrent considérablement
d'une structure à l'autre.

conseils d'expert

Il n'est pas toujours aisé d'identifier
un mur porteur. Voici quelques astuces
pour faciliter le diagnostic.

• Considérez tous les murs extérieurs
comme porteurs.

• Les lambourdes qui portent
les lames d'un parquet sont
orthogonales et leurs extrémités
maintenues par les murs parallèles
aux lames, qui sont donc porteurs.

• Dans le grenier, examinez l'assise
de la charpente afin de déterminer
les murs qui supportent sa masse.

• Ouvrez un petit regard dans
le plafond, le long du haut du mur,
et examinez l'appui des poutres
du plafond pour savoir comment
elles transmettent au mur la charge
supportée par le plancher au-dessus.

les rôles du bois et des moellons

La structure de la plupart des maisons
individuelles combine des éléments
en bois et des parties en briques
ou parpaings. Un mur à ossature
sur charpente est autant capable
de porter une charge qu'un mur plein.
À l'inverse, une cloison non porteuse
peut très bien être réalisée
en parpaings ou en briques.

La nature d'un mur n'apporte
donc en elle-même aucune certitude
sur le fait qu'il soit porteur ou non
porteur, contrairement à l'opinion
trop répandue qui voudrait qu'un mur
à double paroi ne puisse pas être
porteur. Seul le rôle qu'il joue dans
la structure de la construction permet
de déterminer la nature architecturale
d'un mur (voir l'éclaté page 13).

murs à double paroi

Dans les constructions modernes,
les murs extérieurs sont constitués
de deux parois, en briques
ou en parpaings, espacées.
Ce "vide" est généralement large
de 50 mm. Malgré la similitude
de leur apparence extérieure,
ces constructions n'ont rien à voir
avec les anciennes réalisations en
briques ou en moellons, qui entrent
plutôt dans la catégorie des murs
pleins (voir ci-contre, à droite).

La cohésion structurelle
de ces murs creux est assurée
par des poutres de liaison (entretoises)
entre les parois de place en place.

Si la paroi interne est porteuse,
elle est réalisée en briques ou
en parpaings. Dans le cas contraire,
elle est le plus souvent construite
en plaques ou en carreaux de plâtre,
ou même en panneaux composites.

structure en charpente

Très répandue dans les pays
nordiques, la construction des murs
sur ossature de bastaings tend
à se développer plus au sud,
en raison des performances
énergétiques qu'elle permet,
en association avec des matériaux
alvéolaires et des isolants à fort
coefficient. La section et la disposition
des éléments de charpente interne
d'un mur déterminent sa qualité
de porteur ou de non-porteur. Cette
structure ne doit pas être confondue
avec les murs en colombages.

murs pleins

Dans les constructions anciennes,
l'épaisseur des murs extérieurs était
souvent plus dictée par un besoin
d'isolation thermique (frais l'été
et chaud l'hiver) que par la nécessité
de supporter une charge importante.
Les murs intérieurs sont souvent
réalisés de la même manière,
avec une épaisseur toutefois moindre
(sauf pour les murs de refend), ou bien
avec une structure à double paroi.
Dans ce dernier cas, on a longtemps
utilisé des briques plâtrières
ou des carreaux de plâtre, maintenant
de plus en plus remplacés par des
panneaux alvéolaires (voir page 19).

supports

Toute ouverture aménagée dans un mur porteur (porte ou fenêtre) en affecte la résistance. Il faut donc répartir les efforts en plaçant au-dessus de l'ouverture un élément de renfort structurel, appelé linteau.

Ce renfort est généralement inutile quand l'ouverture est percée dans une cloison non porteuse. Les linteaux peuvent être en bois, en profilés d'acier, en pierres appareillées ou en béton armé, selon l'époque et le style de la bâtisse. Dans les constructions modernes, on emploie de plus en plus des éléments préfabriqués en béton vibré, sauf pour les ouvertures de grande largeur où les poutres en béton concurrencent de plus en plus les profilés d'acier. Toutefois, les poutres en bois sont le plus souvent utilisées pour les linteaux des portes intérieures.

structure d'une habitation

Pour bien situer leur rôle et leur importance, replacez chaque mur et chaque plafond dans le contexte de la constitution générale de la structure. Sur ce dessin éclaté d'une maison individuelle, les parties supportant et répartissant la charge de la construction sont mises en évidence, les cloisons qui ne supportent aucune charge étant simplement esquissées.

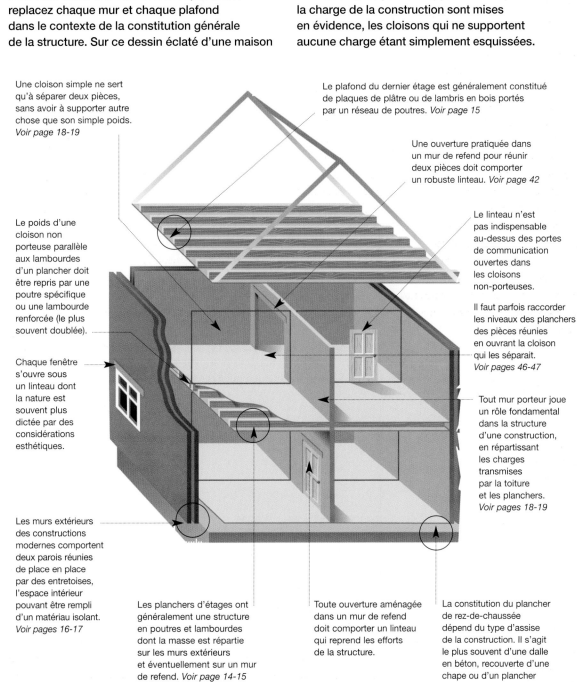

Une cloison simple ne sert qu'à séparer deux pièces, sans avoir à supporter autre chose que son simple poids. *Voir page 18-19*

Le poids d'une cloison non porteuse parallèle aux lambourdes d'un plancher doit être repris par une poutre spécifique ou une lambourde renforcée (le plus souvent doublée).

Chaque fenêtre s'ouvre sous un linteau dont la nature est souvent plus dictée par des considérations esthétiques.

Les murs extérieurs des constructions modernes comportent deux parois réunies de place en place par des entretoises, l'espace intérieur pouvant être rempli d'un matériau isolant. *Voir pages 16-17*

Les planchers d'étages ont généralement une structure en poutres et lambourdes dont la masse est répartie sur les murs extérieurs et éventuellement sur un mur de refend. *Voir page 14-15*

Le plafond du dernier étage est généralement constitué de plaques de plâtre ou de lambris en bois portés par un réseau de poutres. *Voir page 15*

Une ouverture pratiquée dans un mur de refend pour réunir deux pièces doit comporter un robuste linteau. *Voir page 42*

Le linteau n'est pas indispensable au-dessus des portes de communication ouvertes dans les cloisons non-porteuses.

Il faut parfois raccorder les niveaux des planchers des pièces réunies en ouvrant la cloison qui les séparait. *Voir pages 46-47*

Tout mur porteur joue un rôle fondamental dans la structure d'une construction, en répartissant les charges transmises par la toiture et les planchers. *Voir pages 18-19*

Toute ouverture aménagée dans un mur de refend doit comporter un linteau qui reprend les efforts de la structure.

La constitution du plancher de rez-de-chaussée dépend du type d'assise de la construction. Il s'agit le plus souvent d'une dalle en béton, recouverte d'une chape ou d'un plancher

structure des plafonds et planchers

Sauf pour les pièces du dernier étage, la structure du plafond constitue également celle du plancher situé au-dessus. Toute modification effectuée dans une pièce pouvant affecter la structure d'une autre, il importe de tenir compte des deux aspects pour arrêter la nature des travaux. Les structures à chevrons en bois ont formé la quasi-totalité des architectures d'habitations individuelles (et même de petits immeubles) jusqu'à l'avènement des éléments en béton armé préfabriqués. Ceux-ci ont pris le pas sur les autres techniques au cours des deux dernières décennies du XXᵉ siècle.

poutrelles et entrevous

Des entrevous (en béton ou en terre cuite) pleins, creux ou isolés, sont insérés entre des poutrelles en béton précontraint et recouverts d'une dalle de répartition, suivant un concept normalisé (ISO 4, 14, 21 et 22).

entrevous en terre cuite

entrevous en béton

entrevous en mousse de polystyrène armée

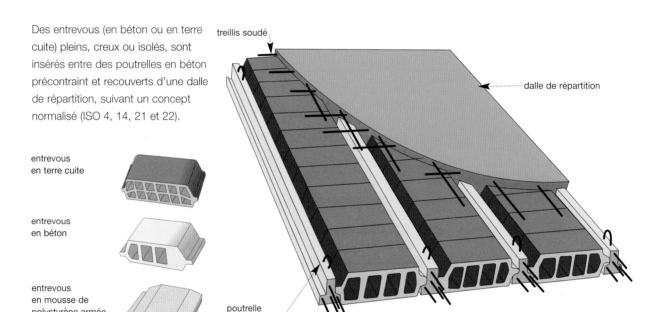

treillis soudé

dalle de répartition

poutrelle préfabriquée

plaques de plâtre enduites

Les plaques de plâtre clouées ou vissées sous les poutres ont remplacé la méthode ancestrale et fastidieuse des plafonds plâtrés sur un lattis exigeant une grande maîtrise technique. Ces plaques peuvent être enduites d'une couche de plâtre, ou d'un simple badigeon comme présenté page 15.

La largeur des plaques de plâtre doit correspondre à l'écartement entre les poutres, de manière à ce qu'elles s'assemblent bord à bord sous leur chant inférieur.

La section des poutres est inférieure à celle qui était nécessaire pour porter un lattis plâtré.

Le plancher peut être réalisé en parquet ou en panneaux de particules.

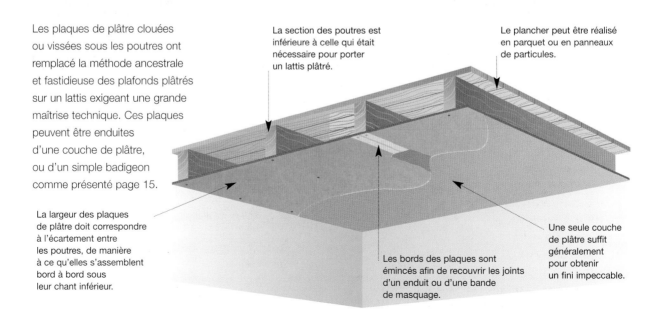

Les bords des plaques sont émincés afin de recouvrir les joints d'un enduit ou d'une bande de masquage.

Une seule couche de plâtre suffit généralement pour obtenir un fini impeccable.

plaques badigeonnées

Comme pour le plafond en plaques plâtrées, cette technique varie par le mode de finition : après recouvrement des joints par des bandes plâtrées, puis ponçage, la surface est badigeonnée. On peut également la peindre ou la recouvrir de papier peint.

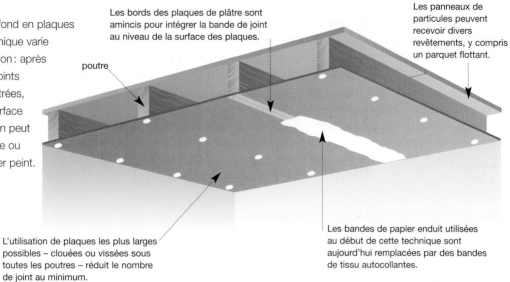

Les bords des plaques de plâtre sont amincis pour intégrer la bande de joint au niveau de la surface des plaques.

poutre

Les panneaux de particules peuvent recevoir divers revêtements, y compris un parquet flottant.

L'utilisation de plaques les plus larges possibles – clouées ou vissées sous toutes les poutres – réduit le nombre de joint au minimum.

Les bandes de papier enduit utilisées au début de cette technique sont aujourd'hui remplacées par des bandes de tissu autocollantes.

structure toute en bois

Le bois revient en force dans la construction, avec des conditionnements modernes insensibles aux variations dimensionnelles et aux attaques des insectes xylophages. Les finitions en lambris de PVC permettent d'alléger la structure porteuse.

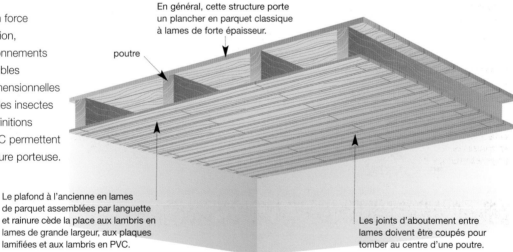

En général, cette structure porte un plancher en parquet classique à lames de forte épaisseur.

poutre

Le plafond à l'ancienne en lames de parquet assemblées par languette et rainure cède la place aux lambris en lames de grande largeur, aux plaques lamifiées et aux lambris en PVC.

Les joints d'aboutement entre lames doivent être coupés pour tomber au centre d'une poutre.

plafond isolé sous comble vide

Le plafond du dernier étage, juste au-dessous des combles, est réalisé sur une structure très allégée dans les constructions modernes à combles vides non aménageables.
Si ceux-ci ne comportent pas d'isolation sous toiture, le plafond doit être doté d'une isolation thermique sérieuse. Si vous voulez y placer des objets, renforcez d'abord la structure porteuse.

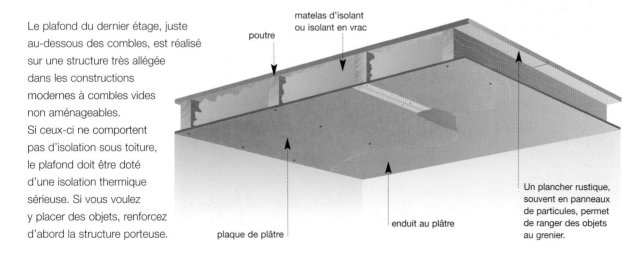

matelas d'isolant ou isolant en vrac

poutre

plaque de plâtre

enduit au plâtre

Un plancher rustique, souvent en panneaux de particules, permet de ranger des objets au grenier.

murs extérieurs

On distingue les murs qui forment la périphérie de la construction de ceux qui se trouvent
à l'intérieur. Comme pour les plafonds et les planchers, le type de structure peut considérablement
varier selon l'ancienneté de la construction, les styles et les techniques architecturales.
Les paramètres esthétiques jouent surtout pour les murs extérieurs dont le parement détermine
l'aspect de l'ensemble de l'habitation. Les murs intérieurs ont le plus souvent un revêtement.
On peut classer les murs extérieurs entre les structures à double paroi et les ouvrages massifs.

murs massifs

Quelles que soient leur épaisseur
et la technique d'assemblage
des matériaux, les murs massifs
présentent toujours la même
organisation générale, telle
que celles présentées ci-dessous.

doubles parois

Les murs à double paroi se sont
généralisés dans les constructions
modernes, avec de plus en plus
souvent un isolant placé entre
les deux parois. Celles-ci sont
réalisées en matériaux différents.

Parmi la grande diversité
des combinaisons possibles
de matériaux et de structures, nous
présentons ci-dessous les réalisations
les plus répandues, avec vide total
ou isolant entre les parois.

mur massif en briques ou parpaings

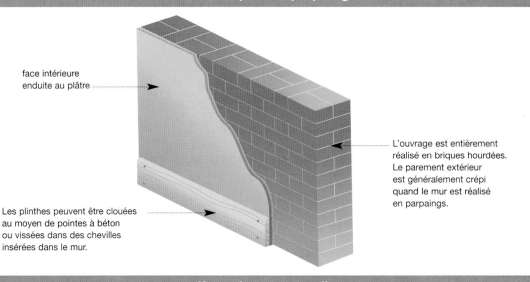

face intérieure
enduite au plâtre

Les plinthes peuvent être clouées
au moyen de pointes à béton
ou vissées dans des chevilles
insérées dans le mur.

L'ouvrage est entièrement
réalisé en briques hourdées.
Le parement extérieur
est généralement crépi
quand le mur est réalisé
en parpaings.

mur massif en pierres naturelles

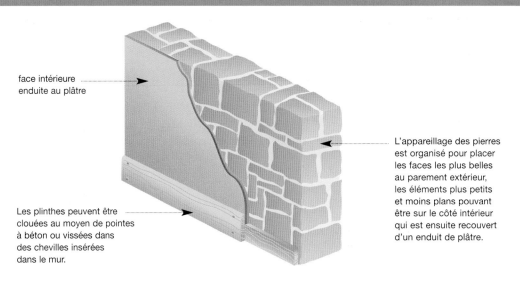

face intérieure
enduite au plâtre

Les plinthes peuvent être
clouées au moyen de pointes
à béton ou vissées dans
des chevilles insérées
dans le mur.

L'appareillage des pierres
est organisé pour placer
les faces les plus belles
au parement extérieur,
les éléments plus petits
et moins plans pouvant
être sur le côté intérieur
qui est ensuite recouvert
d'un enduit de plâtre.

double paroi parpaings/briques avec vide total

Cette structure associe
un mur externe en briques avec
une paroi intérieure en parpaings
– généralement de 15 ou 20 cm
d'épaisseur – dont la face visible
est enduite de plâtre, ou parfois
recouverte de lambris
ou de tissu tendu.

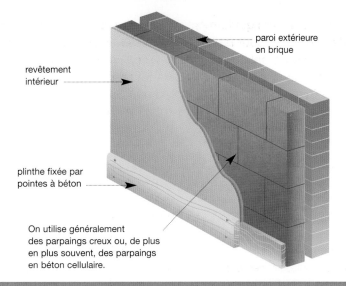

revêtement
intérieur

paroi extérieure
en brique

plinthe fixée par
pointes à béton

On utilise généralement
des parpaings creux ou, de plus
en plus souvent, des parpaings
en béton cellulaire.

mur en briques doublé de plaques de plâtre

Ce type de construction devient
courant pour les pavillons modernes
de plain-pied, avec un mur en briques
ou en parpaings doublé d'une cloison
en plaques de plâtre posée
sur une ossature en bois
avec interposition d'un isolant.

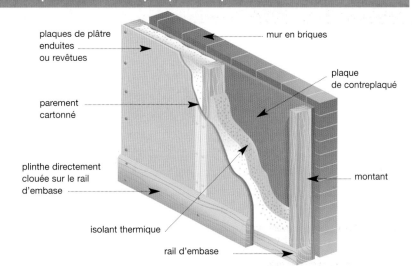

plaques de plâtre
enduites
ou revêtues

mur en briques

plaque
de contreplaqué

parement
cartonné

plinthe directement
clouée sur le rail
d'embase

montant

isolant thermique

rail d'embase

double paroi parpaings/briques avec doublage intérieur

La combinaison d'une double paroi
à vide intégral avec un doublage
intérieur en plaques de plâtre
assure un très haut niveau
d'isolation (compatible avec
le chauffage électrique), surtout
quand on associe des parpaings
en béton cellulaire avec des plaques
de plâtre doublées d'isolant.

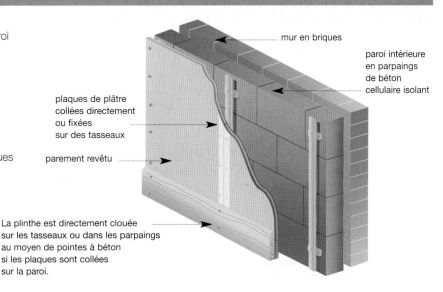

mur en briques

paroi intérieure
en parpaings
de béton
cellulaire isolant

plaques de plâtre
collées directement
ou fixées
sur des tasseaux

parement revêtu

La plinthe est directement clouée
sur les tasseaux ou dans les parpaings
au moyen de pointes à béton
si les plaques sont collées
sur la paroi.

murs intérieurs

En principe, les murs intérieurs sont moins épais que ceux qui entourent l'habitation, et leur structure est souvent bien plus simple, à moins qu'ils ne séparent deux zones où règnent des températures très différentes (contre un garage ou un débarras) ou qu'ils ne doivent assurer une isolation acoustique importante. Toutefois, même un mur de refend peut être constitué de plusieurs parois séparées par un vide ou une couche d'isolant.

ouvrages massifs

Qu'ils soient montés en briques ou en parpaings, ces murs comportent presque toujours au moins une face revêtue par enduit au plâtre ou toute autre finition.

ouvrages creux

Les cloisons creuses sont de plus en plus répandues dans les constructions modernes, même pour les murs de refend. Dans ce cas, la différence entre cloison non porteuse et mur porteur s'apprécie en fonction de l'épaisseur et de la structure interne du mur. Une ossature métallique est plus souvent employée pour un mur porteur.

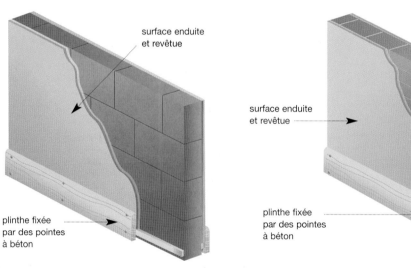

parpaings

surface enduite et revêtue

plinthe fixée par des pointes à béton

briques

briques appareillées en simple épaisseur

surface enduite et revêtue

plinthe fixée par des pointes à béton

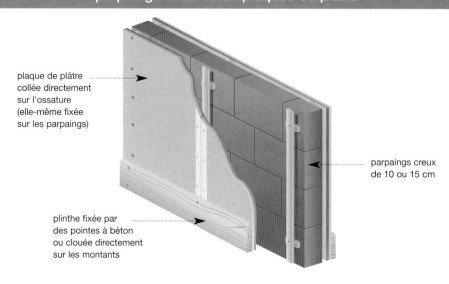

parpaings doublés de plaques de plâtre

plaque de plâtre collée directement sur l'ossature (elle-même fixée sur les parpaings)

parpaings creux de 10 ou 15 cm

plinthe fixée par des pointes à béton ou clouée directement sur les montants

plaques de plâtre sur ossature en bois

C'est la structure la plus simple à réaliser. Sa médiocre qualité acoustique peut être considérablement améliorée en plaçant des plaques d'isolant entre les montants.

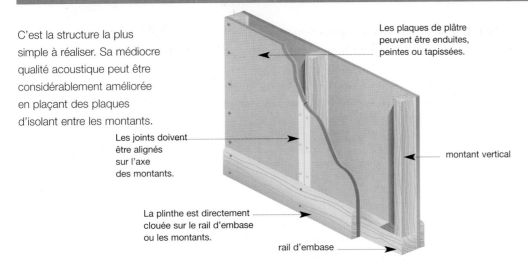

Les plaques de plâtre peuvent être enduites, peintes ou tapissées.

Les joints doivent être alignés sur l'axe des montants.

montant vertical

La plinthe est directement clouée sur le rail d'embase ou les montants.

rail d'embase

panneaux composites à âme alvéolaire

Le montage d'une cloison légère en panneaux composites est une tâche à la portée de tout bricoleur.

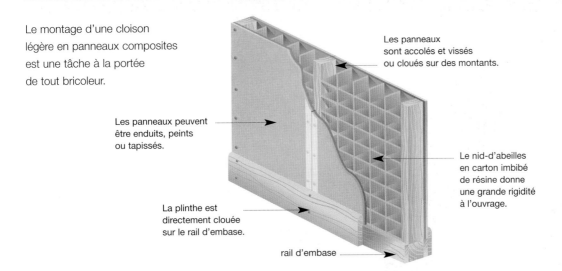

Les panneaux sont accolés et vissés ou cloués sur des montants.

Les panneaux peuvent être enduits, peints ou tapissés.

Le nid-d'abeilles en carton imbibé de résine donne une grande rigidité à l'ouvrage.

La plinthe est directement clouée sur le rail d'embase.

rail d'embase

carreaux de plâtre

Les carreaux de plâtre creux permettent de réaliser une cloison légère qui peut supporter tout type de revêtement.

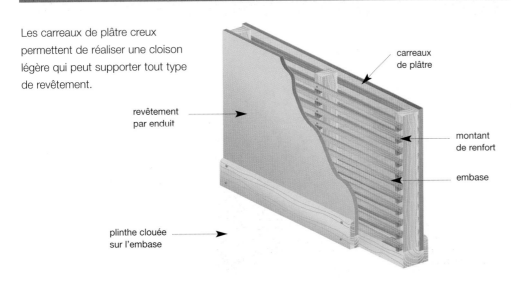

carreaux de plâtre

revêtement par enduit

montant de renfort

embase

plinthe clouée sur l'embase

planification

Une planification soigneuse
est la condition *sine qua non*
de la réussite de toutes réparations
ou rénovations qui nécessitent de tenir
compte de plusieurs paramètres, surtout
quand certains travaux peuvent s'influencer
mutuellement. Outre le choix des matériaux
et de l'outillage appropriés, vous devez
vérifier si le chantier envisagé doit faire
l'objet d'une autorisation préalable
et vous assurer que le travail reste
à la portée de vos capacités. Une étude
exhaustive menée avec soin évite bien
des déboires et permet de cerner les limites
de l'ouvrage auquel vous pouvez
vous atteler avec un maximum
de chances de réussite.

21

Des miroirs judicieusement disposés
peuvent, comme ici, donner
une impression d'espace.

choisir des modifications

Tout d'abord, analysez le plan de votre demeure et ses aménagements, puis dressez l'inventaire de ce que vous souhaitez changer. Vous devrez sans doute confronter ensuite votre inspiration aux possibilités réalistes découlant de l'architecture de la construction. N'hésitez pas à concrétiser vos désirs en les couchant sur le papier, sous forme de plans et croquis. Si vous manquez d'idées, allez en chercher dans les magazines spécialisés ou en visitant les habitations d'amis.

changer l'aménagement des pièces

La fusion de deux pièces en une seule, ou même l'élargissement de la porte entre deux pièces, modifie profondément l'ambiance du logement. Ces modifications peuvent transformer une atmosphère intimiste mais quelque peu étriquée en un espace beaucoup plus aéré. Il importe cependant de s'assurer de la faisabilité de telles opérations et d'en respecter les limites, tout spécialement quand elles nécessitent d'intervenir sur un mur porteur. De plus, cette importante transformation de l'utilisation des volumes d'un logement doit être nécessairement complétée par une refonte de la décoration.

À DROITE *La suppression de la cloison entre séjour et salle à manger donne une plus grande convivialité et tire un meilleur parti de l'espace dans ce logement moderne.*

construire une cloison

La construction d'une cloison pour créer une pièce annexe dans une plus grande constitue une opération d'agencement à la portée d'un bricoleur soigneux. L'opération vise souvent à doter une grande chambre d'un cabinet de toilette indépendant ou d'un dressing. Au-delà de la construction de la cloison proprement dite, n'oubliez pas de prévoir le budget pour l'aménagement du cabinet de toilette, en particulier si vous voulez y implanter une baignoire et que cette installation impose le remplacement du ballon d'eau chaude par un plus volumineux ou l'installation d'un chauffe-eau.

À GAUCHE *Des miroirs judicieusement placés donnent une impression d'espace dans cette petite salle de bains créée dans une chambre à coucher.*

ouvrir une mezzanine

Un plafond n'est pas obligatoirement une surface plane, et son périmètre n'est pas toujours limité aux quatre murs d'une seule pièce. Une ouverture pratiquée dans le plafond crée une échappée vers le haut, donnant une impression d'amplification du volume, voire une harmonie nouvelle de l'ensemble de l'habitation, au prix cependant d'un chantier relativement important.

décorer les plafonds

On peut modifier substantiellement l'aspect d'un plafond sans pour autant se lancer dans un chantier important. Par exemple, on obtient des résultats souvent fort originaux en ornant le pourtour et le centre du plafond de corniches et de rosaces moulées. Ces éléments se posent très simplement par collage et peuvent être remplacés facilement quand on souhaite modifier le décor.

décorer les murs

À l'instar de ce qui se fait sur les plafonds, on peut rompre la monotonie de la surface plane des murs en y posant des éléments décoratifs. Les lambris sont les plus classiques, mais on peut également obtenir un effet original au moyen de peintures à effets, de cires ou de crépis structurés. Dans ce domaine d'ailleurs, les fabricants proposent sans cesse des nouveautés, pour répondre à la demande des bricoleurs désireux de changer l'aspect de l'intérieur d'un logement ancien.

Ci-DESSUS *Le séjour paraît avoir un plus grand volume avec l'ouverture du plafond et l'aménagement d'une mezzanine. Cet agencement peut se poursuivre sur plusieurs étages.*

À GAUCHE *Cette entrée – une pièce trop souvent négligée – offre un accueil plus chaleureux avec les décors moulés du plafond.*

Ci-DESSOUS *Les lambris assortis qui se retrouvent sur les murs et le plafond de cette salle de bains forment une ambiance harmonieuse parfaitement équilibrée.*

outils et équipements

Un bricoleur qui voudrait s'attaquer à tous types de chantiers doit disposer d'un outillage très important qui représente un lourd investissement. Mais une "boîte à outils familiale" constituée d'équipements de base et d'outils à usages multiples suffit pour aborder la plupart des travaux à la portée de l'amateur. Au-delà, l'achat d'outils très spécialisés ne se justifie que pour des travaux répétitifs importants et la location est souvent la solution la plus économique. Dans tous les cas, choisissez du matériel robuste et de bonne qualité, garant de la réussite de vos travaux.

outils d'usage courant

Cette panoplie d'outils permet d'aborder les tâches courantes de réparation et les petits travaux. Elle constitue une bonne base pour le bricoleur débutant, qui pourra la compléter au fur et à mesure que, son expérience s'affirmant, il s'attaquera à des travaux plus importants.

marteau d'emballeur

cale à poncer

brosse métallique

tournevis à lame droite

tournevis cruciformes

gainages isolants

chasse-clou

détecteur de tuyaux et de câblages

cutter

pince universelle

poinçon

crayon de menuisier

pince coupante

pince à long bec

râpe demi-ronde

ciseaux à bois

perceuse–visseuse sans fil

pierre à huile

pince-étau

pistolet à mastic

escabeau

maillet en bois

mètre ruban

serre-joint

scie de maquettiste

petit niveau

couteau à enduire

boîte à onglets

scie à panneaux

outillage électroportatif

Les outils électroportatifs facilitent grandement le travail et font gagner beaucoup de temps. La grande majorité des bricoleurs peuvent se satisfaire d'équipements de catégorie moyenne, entre les outils haut de gamme destinés à un usage quotidien et ceux bas de gamme pour le bricoleur occasionnel. Néanmoins, la baisse du prix de l'outillage électroportatif doit inciter à choisir des équipements de bonne qualité pour les travaux les plus couramment abordés.

perceuse électrique

défonceuse

scie sauteuse

ponceuse à bande

outils de construction

platoir
à angléser
d'extérieur

truelle
langue-
de-chat

platoir
à angléser
d'intérieur

fer à joints

truelle
à bout rond

truelle
à hourder

pelle

masse

platoir

truelle
Berthelet

fer à joint

taloche

Pour travailler
sur les murs
et les plafonds,
la panoplie de base
doit être complétée
par des outils de maçon
et de charpentier.
Veillez à choisir ceux
qui correspondent le plus exactement
possible aux travaux à exécuter
et ne vous laissez pas prendre
au mirage des outils "à tout faire"
ou prétendument bon marché
qui conduisent le plus souvent
à faire l'impasse sur la qualité
des travaux les plus importants

seau en plastique

rabot métallique

scie égoïne

souleveur

pince
à décoffrer

agitateur

scie à onglets

équerre
réglable

fil à plomb

ficelle à tracer

scie à monture

spatule à maroufler

niveau à fioles

niveau à bulles

ciseau à froid

ciseau
de briqueteur

massette

LOUER LES OUTILS

La location reste la meilleure solution
chaque fois qu'il faut un matériel très
spécialisé pour une tâche particulière
non récurrente, surtout s'il s'agit
d'un outillage coûteux.
Les commerces spécialisés
dans ce genre de location permettent
aujourd'hui à l'amateur d'utiliser
des équipements de professionnels.

couteau à enduire

établi

matériaux de construction – 1

Le type des matériaux employés dans la construction peut couvrir une grande diversité et dépend du style et de l'époque de l'habitat. Néanmoins, certains produits sont récurrents dans la grande majorité des cas. Nous présentons ici les matériaux modernes dont dispose le bricoleur pour les travaux dans un logement. Les accessoires nécessaires pour l'assemblage de ces éléments et leur finition sont présentés en pages 28–29.

panneaux industriels et éléments décoratifs

plaque de plâtre – disponible dans des épaisseurs et des qualités diverses. Constitue la base des cloisons de doublage et d'isolement.

panneau de particules – souvent appelé "aggloméré". Ce matériau aux usages multiples est disponible en diverses qualités et épaisseurs.

contreplaqué – matériau de construction très largement employé, car disponible dans une grande diversité de dimensions, de qualités et de propriétés.

arceaux en plâtre moulé – permettent de construire le haut des ouvertures en anse de panier ou en plein cintre.

moulure – éléments décoratifs posés sur la ceinture du mur ou à la jonction mur-plafond. Les corniches sont de plus grande dimension.

briques et parpaings

briques – leurs propriétés et leurs caractéristiques varient beaucoup selon leurs dimensions, leurs formes et leurs couleurs.

pierre naturelle – jadis largement employée, elle sert surtout aujourd'hui aux parements.

bloc de béton alvéolaire – employé pour réaliser des cloisons de doublage à haute isolation. Certains blocs ont des dimensions supérieures aux parpaings.

pavés de verre – matériau décoratif destiné à des murs lumineux, dépourvus de résistance.

entretoises et armatures

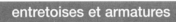

joint isolant – placé entre une dalle et les murs périphériques ou entre ceux-ci et le plafond, pour l'isolation acoustique.

fer d'assemblage – sert à solidariser une cloison avec un mur de support.

connecteur – élément métallique noyé entre les rangées de parpaings pour accroître la rigidité de l'ouvrage.

chaises de poutres – servent à porter l'extrémité des poutres, lambourdes et solives.

cornière d'angle – sert à former un angle sortant à arête vive dans un revêtement plâtré.

parpaing – matériau de construction de plus en plus employé, plus fréquemment en variante creuse, tant pour la construction des murs porteurs que pour des doublages isolants. Le parement visible doit être enduit, plâtré ou peint.

bois débités et moulures

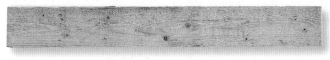

chevron brut de sciage 100 x 50 mm – matériau de construction d'usages multiples.

tasseau raboté 50 x 29 mm – sert à réaliser les ossatures de cloisons creuses ou de doublage.

planche rabotée 122 x 24 mm – couramment employée pour la réalisation des planchers et des structures en bois.

lame rainurée – sert à revêtir les murs et les plafonds en lambris et, pour les qualités les plus robustes, à réaliser les parquets cloués à l'ancienne.

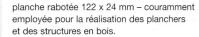

baguette – élément décoratif généralement placé en entourage des ouvertures.

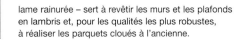

moulure – élément décoratif servant généralement à marquer la ceinture d'un mur, disponible dans une grande variété de profils.

architrave – élément décoratif entourant les ouvertures de portes, profils et dimensions variées.

plinthe – élément décoratif et protecteur placé à la base des murs. Disponible dans diverses dimensions et profils.

matériaux isolants

plaque d'isolant acoustique – couramment proposée en éléments de 120 x 60 cm pour doubler murs, plafonds et planchers.

laine de roche – conditionnée en rouleau ou en plaque pour isoler les combles ou garnir l'intérieur de cloisons.

flocons de laine minérale – solution alternative pour couvrir le plancher d'un comble ou remplir une cloison creuse.

plafonds suspendus

baguette de chant – constitue la bordure périphérique.

profil porteur – constitue l'ossature portant le plafond.

dalle de plafond – s'insère entre les profils porteurs et les entretoises.

entretoise – relie les profils porteurs.

patte cornière – sert à fixer les suspentes qui portent le faux plafond.

suspente – fils d'acier portant l'armature à partir d'ancrages dans le plafond.

matériaux de construction – 2

On accorde souvent peu d'attention aux accessoires d'assemblage et de finition qui jouent pourtant un rôle important dans la résistance et la durabilité des ouvrages ainsi que dans la pérennité de leur aspect fini. La quincaillerie d'assemblage est depuis longtemps standardisée et les commerces spécialisés proposent des assortiments rassemblant les dimensions les plus usuelles. De leur côté, les adhésifs sont de plus en plus pratiques à utiliser.

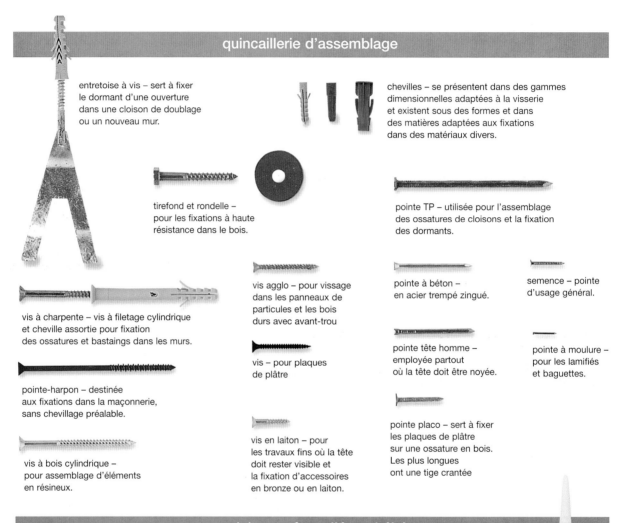

quincaillerie d'assemblage

entretoise à vis – sert à fixer le dormant d'une ouverture dans une cloison de doublage ou un nouveau mur.

chevilles – se présentent dans des gammes dimensionnelles adaptées à la visserie et existent sous des formes et dans des matières adaptées aux fixations dans des matériaux divers.

tirefond et rondelle – pour les fixations à haute résistance dans le bois.

pointe TP – utilisée pour l'assemblage des ossatures de cloisons et la fixation des dormants.

vis à charpente – vis à filetage cylindrique et cheville assortie pour fixation des ossatures et bastaings dans les murs.

vis agglo – pour vissage dans les panneaux de particules et les bois durs avec avant-trou

pointe à béton – en acier trempé zingué.

semence – pointe d'usage général.

pointe-harpon – destinée aux fixations dans la maçonnerie, sans chevillage préalable.

vis – pour plaques de plâtre

pointe tête homme – employée partout où la tête doit être noyée.

pointe à moulure – pour les lamifiés et baguettes.

vis à bois cylindrique – pour assemblage d'éléments en résineux.

vis en laiton – pour les travaux fins où la tête doit rester visible et la fixation d'accessoires en bronze ou en laiton.

pointe placo – sert à fixer les plaques de plâtre sur une ossature en bois. Les plus longues ont une tige crantée

enduits et pâtes d'étanchéité

mastic d'étanchéité – les produits d'étanchéité sont le plus souvent conditionnés sous cartouche plastique à insérer dans un pistolet à piston.

enduit tous usages – délayé dans l'eau, il donne un enduit crémeux, ponçable à sec, qui bouche les pores des matériaux.

pâte à joints – s'applique au couteau à enduire sur les joints entre plaques de plâtre et sur les têtes de pointes

enduits et produits de finition

enduit reboucheur – forme une couche d'accrochage pour l'enduit de finition.

plâtre de construction – pour la réalisation de revêtements plâtrés.

ciment – à gâcher avec sable et eau, en proportions variables selon l'application (assemblage ou enduction).

plâtre fin – plâtre tous usages donnant directement un fini lisse.

enduit texturable – dilué dans l'eau, s'applique en couche épaisse.

sable de construction – utilisé pour gâcher les mortiers de construction, ordinaires ou bâtards.

enduit au plâtre – s'applique après dilution dans l'eau sur une surface plâtrée.

sable fin – utilisé pour gâcher les mortiers de lissage et de joints.

adhésifs

plastifiant – additif des mortiers qui améliore leur plasticité et leur accrochage.

bandes

adhésif de masquage – pour délimiter une surface à peindre, protéger les vitres avant peinture et maintenir temporairement des objets légers.

bande à joints – arme la couche d'enduit appliquée sur les joints entre plaques de plâtre.

bande de chant – sert à recouvrir les chants des plaques de plâtre sur les raccords d'angle.

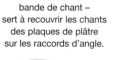

adhésif isolant - usages multiples, y compris en électricité.

bande isolante – se pose autour des dormants d'huisserie et à la jonction murs et plafond.

bande adhésive à joints – sert à recouvrir les joints entre plaques de plâtre à bords amincis.

colle universelle – s'utilise plus ou moins diluée pour fixer les revêtements et éléments décoratifs.

colle à bois – colle cellulosique liquide.

par où commencer?

Avant d'attaquer n'importe quel chantier, planifiez son déroulement, en intégrant les démarches administratives, l'approvisionnement des matériaux et les délais de mise en œuvre (séchage, prise des bétons, etc.). Si vous pouvez entamer un petit travail de réparation avec un minimum d'aléas, un chantier important mal préparé peut vous conduire à une impasse qui risque d'en modifier fortement la durée et le coût, voire à une impossibilité technique ou réglementaire.

les formalités

Commencez toujours par vous assurer que le chantier que vous vous proposez d'entreprendre ne nécessite pas une autorisation préalable. La grande majorité des travaux réalisés à l'intérieur par un bricoleur se passe de démarches administratives, sauf s'ils entraînent une modification de la surface corrigée sur laquelle est basé le calcul des taxes fiscales.

obligations

Les démarches à effectuer vont d'une simple déclaration de travaux déposée en mairie à une demande de permis de construire. Cette dernière démarche s'applique notamment chaque fois que la surface au sol ou le nombre d'étages sont affectés par les travaux. Mais les chantiers qui entraînent une modification d'aspect de l'habitation nécessitent également une autorisation quand le chantier se situe dans un périmètre protégé (à proximité d'un monument historique ou dans une perspective protégée). De même, vous devez obtenir une autorisation spéciale pour les travaux d'aménagement intérieur dans une construction classée. Plus souvent, c'est le changement d'affectation de tout ou partie de la construction qui nécessite une autorisation administrative, par exemple pour réaliser une surface de bureaux ou commerciale, ou à l'inverse pour transformer un commerce en logement. Mieux vaut donc présenter une esquisse du projet à la mairie, où l'on vous indiquera les formalités éventuelles et l'on vous fournira les documents à remplir.

Rares sont les travaux d'extérieur qui ne sont pas soumis au moins à une autorisation de travaux : mieux vaut donc s'informer avant d'entamer le chantier.

réglementations

Les travaux intérieurs ne demandent d'autorisation que s'ils entraînent une modification de destination des locaux (par exemple la tranformation d'une boutique en appartement) En revanche, les interventions à l'extérieur passent par une déclaration de travaux ou un permis de construire en cas de changement d'aspect ou d'augmentation de surface utile.

lever un plan à l'échelle

La réalisation d'un dessin à l'échelle des travaux envisagés est toujours utile, ne serait-ce que pour déterminer précisément les quantités de matériaux à acquérir. Sans qu'il soit indispensable d'appliquer les normes graphiques des architectes, vous devez cependant porter sur le papier tous les détails qui influent sur le déroulement du chantier ou la mise en œuvre des matériaux, et surtout qui entraînent des modifications visibles. L'emploi de papier millimétré facilite la tâche pour lever un plan précis. Pour juger de l'effet final, vous pouvez reporter sur le plan le contour des meubles à l'échelle, en particulier chaque fois que le chantier modifie la surface d'une ou plusieurs pièces.

échéancier

L'établissement d'un calendrier de réalisation réaliste permet souvent d'arrêter une date d'ouverture du chantier qui évite les mauvaises surprises. La chose s'applique spécialement aux travaux d'extérieur pour limiter les aléas d'ordre climatique, mais aussi aux travaux réalisés à l'intérieur, par exemple pour profiter du départ des enfants en vacances pour œuvrer dans leur chambre.

Comme beaucoup de chantiers créent des contraintes dans le logement, programmez les travaux sur une période qui causera le minimum de désagréments aux occupants.

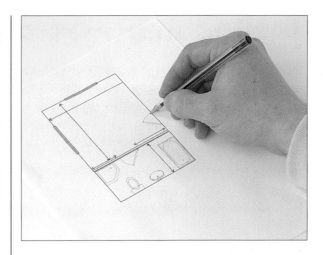

Un dessin à l'échelle permet de se rendre compte des modifications engendrées par les travaux envisagés, ainsi que des problèmes éventuels d'habitabilité en y faisant figurer le mobilier.

Cet échéancier vous permettra de vérifier que le chantier ne risque pas d'interférer avec l'activité normale dans l'habitation, et également de déterminer les périodes pendant lesquelles certaines parties de la maison seront indisponibles. Si nécessaire, vous devez découper le chantier en plusieurs tranches réalisables chacune au cours d'une fin de semaine ou d'un congé. Ne calculez pas les délais trop juste, au risque d'être conduit à bâcler un travail pour libérer la place, voire à éliminer certaines opérations intermédiaires qui conditionnent la qualité de l'ouvrage terminé. N'omettez pas les fermetures des commerces ou de fournisseurs de produits ou d'outillages spéciaux. L'échéancier permet aussi de mieux définir les durées de location de certains équipements coûteux.

budget

Dans la grande majorité des cas, c'est la main-d'œuvre qui constitue la part principale du coût d'un chantier de construction et de rénovation. Vous devez donc accorder la plus grande attention à cette question, spécialement si vous prévoyez de confier une partie des travaux à un professionnel (assurez-vous également de ses délais). Un calcul précis des matériaux à approvisionner doit permettre de bien cerner ce poste du budget, sur lequel des économies sont possibles en faisant jouer la concurrence, ou encore en effectuant des achats groupés avec un voisin, par exemple. Les économies les plus importantes s'obtiennent ainsi très souvent sur les matériaux les plus courants : charpente, bois débités, plaques de plâtre, parpaings, etc. Néanmoins, voyez plutôt un peu large pour les quantités à commander, car vous risquez de devoir payer au prix fort les compléments à acheter en urgence pour terminer le chantier dans les délais.

traiter avec les professionnels

Dans la préparation d'un chantier, écartez les travaux qui échappent à vos compétences pour les confier à un professionnel. La question se pose pour les chantiers importants qui nécessitent de réelles compétences, une étude technique et un outillage spécialisé, surtout quand ces travaux sont obligatoirement soumis à réception (certificat de conformité ou d'urbanisme), comme c'est généralement le cas pour l'électricité, le gaz ou encore les modifications d'aspect.

architectes et organismes de contrôle

Les services d'un architecte, voire d'une société de contrôle technique, s'avèrent indispensables chaque fois que la sécurité des occupants risque d'être sérieusement affectée par les travaux envisagés. L'architecte veille au respect des réglementations et constitue le dossier à déposer éventuellement auprès des autorités, puis il surveille le déroulement du chantier jusqu'à sa fin. En général, ce spécialiste se charge aussi du choix des artisans après appel d'offres, sans pour autant pouvoir vous empêcher de faire votre choix, du moment qu'il ne compromet pas le résultat.

Les organismes de contrôle délivrent les attestations demandées par certains services (fournisseurs d'électricité ou de gaz notamment) et par l'assureur.

Tout professionnel doit vous informer sur les contraintes réglementaires imposées à votre projet. En général, il peut se charger des démarches administratives.

trouver les meilleurs artisans

La recherche de l'artisan compétent, respectant les délais annoncés et aux prix raisonnables s'apparente souvent à une véritable "chasse au trésor". En la matière, le bouche à oreille reste la méthode la plus répandue. Toutefois, les grandes enseignes de bricolage proposent une liste d'"artisans recommandés" dont elles garantissent la compétence et l'intégrité commerciale. Dans certains corps d'état (plombiers, électriciens, chauffagistes, etc.), il existe des labels professionnels qui impliquent le respect d'une charte avec des critères de qualité, une assurance et des clauses d'arbitrage des différents. Outre que vous limitez effectivement les risques de dérapages et de déconvenues en faisant confiance aux artisans qui arborent ces labels, vous encouragez leur profession à maintenir les meilleures relations possibles avec les clients.

devis et échéancier

L'établissement du devis constitue la première étape de la relation avec un artisan ou une entreprise. La façon dont ce service est abordé constitue d'ailleurs souvent une bonne indication du sens commercial, voire de la compétence de vos interlocuteurs. La précision des informations fournies – qui montre que l'artisan a exactement compris votre projet – évite les adjonctions et modifications, sources de majorations, de délais non tenus et, *in fine*, de contentieux. Un devis bien établi doit mentionner les conditions – financières et de délais – dans lesquelles vous pouvez modifier le projet initial. En aucun cas d'ailleurs, le professionnel ne peut s'écarter du cahier des charges initial sans votre accord formel, résultant éventuellement d'un devis complémentaire.

Le paiement d'arrhes ne se justifie qu'à concurrence du coût des matériaux les plus onéreux à approvisionner spécialement pour votre chantier. Par ailleurs, il est de coutume de fractionner le paiement des plus gros travaux, particulièrement dès que le chantier s'étale sur plus d'un mois, le premier paiement intervenant logiquement à la fin du chantier. Dans tous les cas, il est normal de réserver une part (de l'ordre de 30 %) soumise à l'obtention des

Veillez à conserver la possibilité d'accéder au chantier à votre convenance pour vous assurer que les opérations se déroulent bien comme prévu, même si cela entraîne un petit surcoût.

certificats éventuellement délivrés par l'organisme chargé du contrôle technique, car seule cette certification peut être considérée comme marquant la "bonne fin" du chantier.

   Si vous envisagez de faire appel ultérieurement au même artisan, n'hésitez pas à l'en informer dès la négociation du devis, et même à lui demander une option si votre projet est assez arrêté. Vous vous placez ainsi en meilleure position de négociation et – avantage important quand l'offre est saturée – vous êtes davantage assuré de pouvoir être servi au moment où vous le souhaitez.

suppléments

Le droit de la consommation précise qu'aucun paiement n'est exigible au-delà du montant du devis accepté, si la prestation effectuée correspond exactement à celle commandée. Les clauses de revalorisation n'ont en principe pas cours pour un chantier ne dépassant pas la dizaine de semaines, ce qui est le cas de la quasi-totalité des travaux de rénovation ou de modernisation d'une habitation. En revanche, toute tâche demandée en sus des travaux énumérés dans le devis accepté est susceptible d'être facturée. Certes, l'artisan peut faire cadeau – geste commercial – d'un petit extra qui ne lui aurait imposé

ni achat de matériaux supplémentaires ni prestation de nombreuses heures de travail en sus. Mais mieux vaut toujours négocier un devis complémentaire chaque fois que vous demandez un travail non prévu initialement.

éviter les contentieux

Les conditions de travail floues, les descriptions parcellaires ou imprécises des travaux et des matériaux à employer, ou même le défaut d'indication sur la qualité des résultats visés quand ceux-ci dépassent les "règles de l'art" de la profession, constituent autant de possibilités de contestations qui peuvent dégénérer en contentieux. Aussi, le temps passé à vous mettre d'accord avec le prestataire retenu n'est-il jamais perdu. Les chambres de métiers et les organismes syndicaux des branches professionnelles – ainsi que certaines organisations de consommateurs – tiennent à votre disposition des devis types qui sont d'excellentes bases de discussion. Il est bon d'y insérer – si elle n'y figure déjà – une clause d'arbitrage qui évite à un litige de dégénérer en action contentieuse. Mais souvenez-vous qu'un litige sur les prestations facturées ne vous autorise pas pour autant à retenir les paiements de votre propre chef; cette décision appartient à la justice: aussi mieux vaut-il éviter d'en arriver là.

Un professionnel doit vous établir un devis détaillé associé à un échéancier, en précisant les options éventuelles, leur coût et leur impact sur le déroulement du chantier.

modification d'un mur

La nature et l'importance des travaux effectués pour modifier la structure d'un mur peuvent varier considérablement selon son architecture, d'où l'importance de bien déterminer cette dernière avant même de tracer le plan des transformations. Comme toujours, l'intervention sur un mur porteur diffère radicalement des travaux sur une simple cloison. Nous décrivons dans ce chapitre une série de projets classiques, qui représentent des chantiers allant des plus simples aux plus élaborés. Dans tous les cas, le travail a pour objectif principal d'améliorer l'aménagement de l'habitation. De ce fait, les considérations esthétiques jouent une part importante dans ces opérations.

Le regroupement de la salle à manger et du séjour – concept moderne – fait de cette pièce un endroit particulièrement convivial.

travailler en sécurité

La sécurité constitue une préoccupation constante sur un chantier. La trousse de secours doit toujours rester accessible, au même titre que l'outillage courant ; en outre, le bricoleur doit porter les équipements personnels de sécurité (casque, gants, lunettes, masque respiratoire) nécessaires pour parer aux risques inhérents aux opérations qu'il entreprend. Tous ces équipements doivent être d'un modèle homologué. Enfin, il faut nettement délimiter les parties du chantier qui présentent des risques pour les occupants de l'habitation, et en interdire l'accès aux enfants.

trousse d'urgence

Petites coupures et écorchures sont les blessures les plus courantes qu'un bricoleur correctement équipé risque de se faire en travaillant chez lui.

conseil sécurité

Ne laissez pas les enfants approcher quand vous manipulez des outils ou des produits dangereux ; méfiez-vous également de la curiosité des animaux domestiques pour tout changement dans leur environnement.

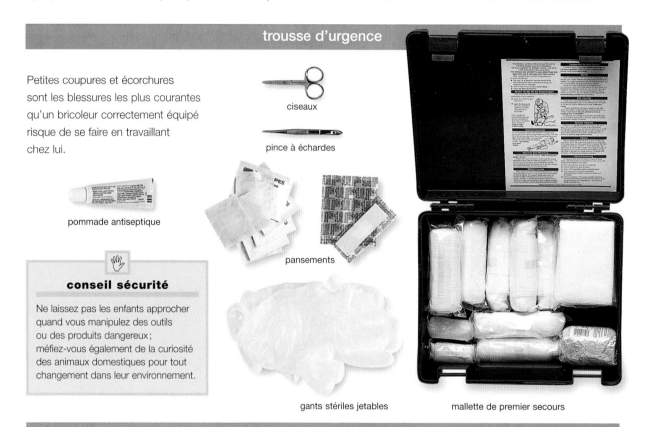

ciseaux

pince à échardes

pommade antiseptique

pansements

gants stériles jetables

mallette de premier secours

équipements de protection personnelle

Parmi la panoplie complète des équipements de protection, certains doivent être portés systématiquement (chaussures, gants et lunettes) ; les autres, chaque fois que la tâche entreprise le nécessite.

masque anti-poussière

gants de travail

protège-genoux

détecteur de plomb

casque

masque respiratoire

lunettes

protections acoustiques

chaussures à bout renforcé

Pour votre sécurité, il importe que vous organisiez l'espace de travail de manière à conserver toujours un accès facile en tous points. Si vous n'y parvenez plus, vous devez impérativement modifier l'installation pour retrouver cette facilité d'accès aux parties sur lesquelles vous voulez intervenir. Ce principe, fondamental dans la conception d'une plate-forme de travail, vaut également pour l'équipement (le plus simple) utilisé pour travailler en hauteur, à savoir sur l'échelle.

échelles

Chacun pense savoir utiliser correctement une échelle. Pourtant, un grand nombre d'accidents résulte d'un mauvais emploi de cet équipement indispensable à tout bricoleur, alors que des règles simples suffisent à en assurer la sécurité.

- Calez l'échelle de manière que ses pieds ne s'écartent pas du mur de plus d'un quart de la distance existant entre le haut de l'échelle et le sol.
- Calez toujours la base de l'échelle sur un sol plat et non glissant.

La distance entre les pieds de l'échelle et le mur où elle s'appuie doit être égale au quart de la hauteur entre la tête de l'échelle et le plancher sur lequel elle repose.

La sécurité sur l'échelle dépend d'abord de sa mise en place correcte.

- Assurez-vous que la tête de chaque montant repose bien contre le mur.
- Vérifiez qu'aucun barreau ne branle dans les montants ni n'accuse de traces de faiblesse.

L'échelle à montants et barreaux en profilés d'aluminium rivés est la plus couramment employée. Certains équipements peuvent y être ajoutés pour réaliser un échafaudage sommaire, sous réserve de respecter les règles d'emploi mentionnées sur la fiche fournie avec le matériel neuf.

une table de travail simple

Tréteaux réglables en hauteur pour ajuster le plateau au travail à exécuter.

Espacez régulièrement les tréteaux, au maximum de 1,5 m.

Calez le faîte des tréteaux contre les traverses du plateau.

Vérifiez que tous les pieds sont parfaitement calés.

ENTRETIEN DE L'OUTILLAGE

On n'imagine pas le nombre d'accidents, parfois dramatiques, provoqués par l'utilisation d'un outil mal entretenu ou hors d'usage. Aussi, l'entretien régulier de son matériel constitue-t-il pour le bricoleur une sorte d'assurance sécurité, sans parler des économies réalisées en préservant ainsi son investissement.

- Après chaque emploi, vérifiez l'affûtage des outils coupants, (ciseaux, rabots, scies) et affûtez-les si nécessaire avant de les ranger. On déplore bien plus d'accidents dus au ripage d'un outil coupant au fil émoussé qu'à l'action directe d'un outil pointu.

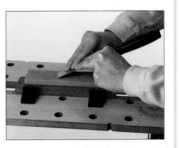

- Inspectez régulièrement les câbles d'alimentation et les fiches des outils électroportatifs et remplacez-les si l'isolant craquelé ou entaillé laisse apparaître les fils. Si le moteur crache beaucoup d'étincelles en dégageant une forte odeur (mélange d'ozone et d'isolant chaud), cela indique que l'outil a besoin d'une sérieuse révision. Veillez aussi au bon état des outils de coupe montés sur ces équipements (forets, scies, disques abrasifs), afin de ne pas imposer à leur moteur une charge excessive.

- Le ripage du marteau sur la tête d'une pointe ou d'un outil à frapper (burin, ciseau à froid) est une cause fréquente de blessures douloureuses, parfois même d'une invalidité. Pour réduire considérablement ce risque, il suffit de poncer de temps à autre la panne des marteaux avec de la toile émeri.

diagnostiquer les problèmes – 1

Les désordres que trahissent les fissures apparentes dans un mur ou un plafond sont fort heureusement plus spectaculaires que dangereux. Il faut néanmoins les prendre au sérieux car, au-delà de leur aspect inesthétique, les fissures résultent de mouvements de matériaux qui peuvent provenir d'une altération profonde de la structure. La localisation des fissures, leur aspect et leur étendue donnent de précieuses indications sur la cause de leur formation. Le tableau de la page suivante passe en revue les causes les plus fréquentes et les traitements curatifs à effectuer.

repérage et suivi des fissures

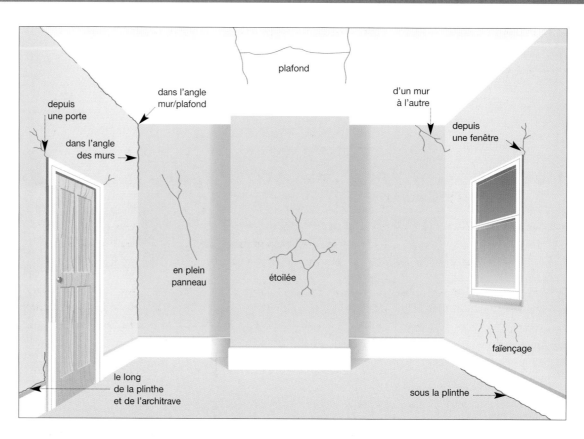

plafond

dans l'angle mur/plafond

d'un mur à l'autre

depuis une porte

depuis une fenêtre

dans l'angle des murs

en plein panneau

étoilée

faïençage

le long de la plinthe et de l'architrave

sous la plinthe

Les fissures se développent en général très lentement, ce qui rend difficile le suivi de leur progression simplement à l'œil nu. Des jauges spéciales placées à cheval sur une fissure permettent d'en mesurer avec précision les variations dans le temps. À défaut de disposer de ces instruments de mesure, vous pouvez déposer un bouchon rectangulaire d'enduit sur la fissure, et y graver la date de pose avant qu'il ne sèche. Puis mesurez au moyen d'un jeu de cales d'épaisseur, l'écartement des lèvres de la fissure à intervalles réguliers (une fois par mois, par exemple).

1 Placez la jauge horizontalement sur la fissure, celle-ci passant à peu près au milieu, et posez les vis de fixation sans encore les bloquer.

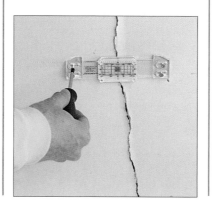

2 Réglez le curseur pour placer sa ligne de foi juste au-dessus de la fissure avant de bloquer les vis fixant la jauge.

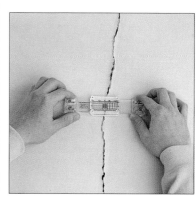

3 Libérez les deux parties de la jauge en décollant les bandes adhésives couvrant ses bords. Relevez ensuite régulièrement les déplacements entre la ligne de foi et les lèvres de la fissure. Notez ces relevés sur une feuille. Si la fissure n'a pas bougé après plusieurs mois, vous pouvez l'obturer. Sinon, faites appel à un spécialiste pour rechercher la cause profonde du désordre.

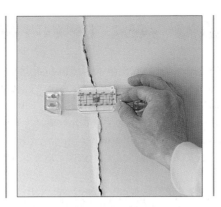

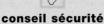

conseil sécurité

Seul un spécialiste travaillant dans un bureau d'expertise technique du bâtiment peut diagnostiquer les causes réelles d'une fissure ou d'une subsidence et établir un protocole de réparations adapté. Mais n'attendez pas que l'ouverture ait plusieurs millimètres de large et/ou s'étende de plusieurs centimètres chaque mois.

localisation	origine des fissures et traitements
dans les angles	Ces fissures résultent le plus souvent du tassement naturel d'une construction neuve. Mieux vaut donc attendre quelques mois avant de les masquer sous le revêtement décoratif. Toutefois, si la fissure réapparaît, suivez sa progression et agissez à temps.
au plafond	Les fissures qui courent parallèlement aux murs résultent de petits déplacements des solives. Il suffit normalement de les obturer avec un mastic ou avec des bandes de calicot à enduire.
d'un mur à l'autre	Ces fissures peuvent trahir un phénomène d'affaissement, en particulier si elles suivent les lignes de mortier entre briques ou parpaings. Il faut alors solliciter l'avis d'un expert.
depuis une fenêtre	Les fissures partant de l'angle du dormant et s'étendant vers le plafond, assez courantes, ne présentent pas de caractère de gravité tant que leur largeur ne dépasse pas le millimètre. Mais il faut s'inquiéter si elles s'élargissent et/ou s'étendent régulièrement vers le plafond.
faïençage	Ces fissures, très fines et réparties en tous sens sur une surface, trahissent un glissement du revêtement, fréquent quand la construction prend de l'âge. Mais si le désordre couvre une surface importante et réapparaît après passage d'un enduit, cela dénote un mauvais accrochage du plâtre ou un revêtement réalisé avec un plâtre éventé. Il faut alors décoller le revêtement et le refaire entièrement.
sous la plinthe	Le plus souvent, ces défauts dénotent une plinthe mal fixée. Néanmoins, si elles s'élargissent et s'étendent, cela peut trahir un phénomène d'affaissement ou de déformation du plancher. Il faut alors demander l'inspection d'un expert.
étoilée	Ces fissures aux formes grossièrement circulaires avec des branches partant en étoile résultent presque toujours d'un décollement du revêtement en plâtre. Assez fréquent dans les anciennes constructions de cloisons en lattis plâtré, ce désordre provient aujourd'hui plus souvent d'une remontée d'humidité dans le mur revêtu. Il faut décoller le plâtre sur toute la surface du panneau affecté et traiter le mur avant de le replâtrer, ou mieux encore, le doubler avec des plaques de plâtre.
en plein panneau	Plusieurs phénomènes peuvent causer cette fissuration, à faire examiner par un spécialiste si elle s'étend.
le long de la plinthe et de l'architrave	Ces fissures se rencontrent fréquemment dans une pièce rénovée d'une construction ancienne, à la suite d'un tassement des matériaux neufs. Elles apparaissent et/ou s'aggravent par temps très sec et chaud ou lorsque la pièce est chauffée, si les travaux ont été effectués par temps humide et froid.
depuis une porte	Même problème que pour les fissures au-dessus d'une fenêtre.
dans l'angle	Ces fissures apparaissent souvent quand les matériaux d'une construction neuve ont subi le cycle annuel des saisons, ou, dans une construction ancienne, après une longue période de sécheresse. Une surveillance sérieuse s'impose dès qu'elles s'étendent sur plus d'une dizaine de centimètres.

diagnostiquer les problèmes – 2

Outre les mouvements des matériaux, les ouvrages d'une construction peuvent être affectés par l'humidité, les attaques des insectes ou une infestation cryptogamique. Tant qu'ils restent circonscrits et que l'on y remédie rapidement, ces désordres n'ont pas de conséquences graves. Dans le cas contraire, ils peuvent en revanche aboutir à une dégradation importante des ouvrages, qui devient irréversible si aucun remède efficace n'est apporté à temps.

humidité et moisissures

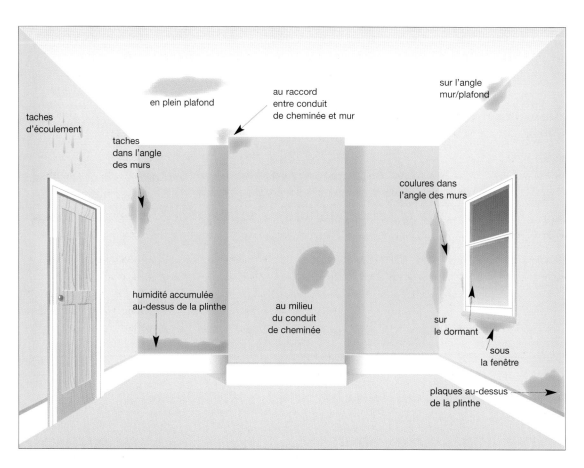

taches
d'écoulement

en plein plafond

au raccord
entre conduit
de cheminée et mur

sur l'angle
mur/plafond

taches
dans l'angle
des murs

coulures dans
l'angle des murs

humidité accumulée
au-dessus de la plinthe

au milieu
du conduit
de cheminée

sur
le dormant

sous
la fenêtre

plaques au-dessus
de la plinthe

autres types d'attaques

En dehors des imprégnations d'humidité, les attaques des moisissures et/ou des insectes xylophages posent des problèmes spécifiques.

pourriture sèche

Ce type de désordre touche surtout le bois, mais peut également affecter la maçonnerie. Il peut induire des dommages importants. La pourriture sèche provient de l'extension de colonies de champignons dont les spores se répandent partout relativement vite. Aussi faut-il traiter très largement autour d'une zone infestée, dès que l'on en détecte les premières traces. Celles-ci se traduisent par des filaments blanchâtres qui s'étendent un peu comme une toile d'araignée. Cette attaque détériore irrémédiablement les éléments affectés. Il faut donc d'abord découper et brûler tous ces éléments et traiter les matériaux neufs posés pour les remplacer.

insectes

Deux choses permettent
de détecter à temps
les dégâts d'insectes xylophages
(essentiellement le fait des larves) :
soit la présence des adultes
– rampant ou volant – soit plus
souvent la présence de trous forés
par les femelles qui vont pondre
au sein du matériau (photo ci-contre).

Quelle que soit l'espèce en cause, le
traitement avec un produit approprié
au type d'insecte doit être rapide
et extensif, avant que la résistance
des éléments affectés ne se trouve
irrémédiablement compromise.

Les attaques de termites – fléau
en extension régulière – ne peuvent
être enrayées que par un traitement
effectué par une entreprise spécialisée
et agréée par la préfecture.

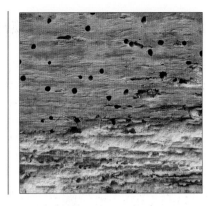

emplacement	causes de l'imprégnation humide et traitements
en plein plafond	Ces taches proviennent le plus souvent d'une fuite d'eau, soit de canalisations passant dans le plafond, soit de la toiture s'il s'agit du plafond sous les combles. Localisez la source de la fuite et effectuez les réparations nécessaires pour l'obturer.
en haut du conduit de cheminée	La perte d'étanchéité du solin de la souche de cheminée sur la toiture constitue l'origine classique de cette infiltration d'eau de pluie. Inspectez cette zone et refaites l'étanchéité de tout l'égout.
angle mur/plafond	Dans une pièce sous les combles, cette tache provient généralement d'une fuite dans un chéneau percé ou du débordement d'une gouttière bouchée. Dans une pièce de rez-de-chaussée, le désordre est souvent le résultat d'une infiltration d'eau dans une fissure du parement extérieur du mur.
coulures dans un angle	Ces longues taches qui se ravivent à chaque pluie dénotent une rupture ou une obstruction de la descente pluviale courant sur l'extérieur du mur. Procédez sans délai aux réparations appropriées.
sur le dormant d'une fenêtre	L'imprégnation humide autour des dormants des fenêtres provient le plus souvent de la condensation de l'humidité de l'air ambiant, mais peut aussi résulter de la fissuration du joint en mastic entre l'huisserie et la maçonnerie de l'entablement. Dans le premier cas, il faut améliorer l'aération, par exemple en intégrant une bouche de ventilation calibrée dans la traverse supérieure du dormant. Dans l'autre cas, si l'eau s'infiltre depuis l'extérieur, refaites complètement le joint entre le dormant et la maçonnerie.
sous la fenêtre	L'eau s'infiltre par un joint fissuré sous le dormant, ou provient de la condensation qui ne s'écoule plus par la rainure d'évacuation placée sous le larmier.
au-dessus de la plinthe	L'humidité s'étalant au-dessus de la plinthe sur un mur donnant sur l'extérieur est généralement causée par des plantations ou une butte de terre ou de sable accumulée au pied du mur. Éliminez cette cause et veillez à ce que rien ne dépasse le niveau de la barrière hydrofuge.
au milieu du conduit de cheminée	Ces taches apparaissent souvent quand la cheminée n'est plus utilisée et que l'on a fermé le foyer sans prévoir de ventilation suffisante. Le plus souvent d'ailleurs, ces taches prennent rapidement une teinte bistre, crée par la migration des résidus de suie dans la maçonnerie. Placez à la base de l'ancien âtre une grille qui permette une ventilation efficace de l'ouvrage.
plaques au-dessus de la plinthe	Si la barrière hydrofuge n'est pas court-circuitée à l'extérieur par un amas au pied du mur, cette tache provient de l'humidité qui remonte depuis les fondations. Le désordre est alors plus sérieux, car il signifie qu'il faut refaire l'étanchéité de la barrière hydrofuge, ou en réaliser une s'il s'agit d'une construction très ancienne qui en était dépourvue. Des opérations qu'il vaut mieux confier à un professionnel.
taches dans un angle	Ces petites taches résultent fréquemment d'une infiltration d'eau par des fissures ou d'un décollement du crépi extérieur du mur. Il suffit de refaire le crépi endommager pour y remédier.
taches d'écoulement	Ces marques typiques désignent généralement une zone de condensation d'où l'eau s'égoutte, ce qui advient surtout dans une cuisine ou une salle d'eau. Pour y remédier définitivement, il suffit d'améliorer la ventilation de la pièce.

ouvrir un mur porteur ⁄⁄⁄⁄

La suppression complète d'un mur porteur ne peut être entreprise par un amateur, qu'il s'agisse d'un mur extérieur ou d'un mur de refend. En revanche, il est possible de découper une ouverture dans ce type d'ouvrage, moyennant toutefois une étude préalable sérieuse, à confier de préférence à un spécialiste. Dans ce type de chantier, le respect de la procédure de soutènement et du temps de solidification de la maçonnerie est primordial.

Pour éviter tout désagrément postérieur, il importe de veiller à assurer un soutènement parfait de la partie restante du mur, pendant l'opération d'ouverture mais aussi par la suite. Le support permanent de la partie d'ouvrage située au-dessus de l'ouverture doit être assuré par un élément, généralement un profilé d'acier IPN. Ses dimensions – à faire déterminer par un spécialiste – dépendent de l'épaisseur du mur à soutenir et de la portée de l'ouverture. Même avec l'assistance technique d'un architecte, un tel chantier n'est abordable que par un amateur ayant déjà accumulé une bonne expérience des ouvrages de maçonnerie et doté d'un équipement de qualité professionnelle. L'opération se subdivise en deux étapes, entre lesquelles vous pouvez laisser s'écouler une ou deux semaines. Il faut d'abord placer un dispositif d'étayage puis percer l'ouverture. Ensuite, vous pourrez insérer le linteau en IPN, et terminer l'entablement de l'ouverture.

découper l'ouverture

Ce chantier doit être préparé avec le plus grand soin et conduit systématiquement. Dégagez bien tous les environs de la zone de travail pour éviter les risques d'accidents et éliminez les déblais dès que l'ouverture est percée. Les travaux sont assez physiques et l'aide d'un robuste assistant est fortement souhaitable.

1 Tracez le périmètre de l'ouverture sur le mur.

2 Percez des trous au-dessus du tracé pour le passage des barres de soutènement.

3 Insérez les barres dans les trous.

4 Supportez les barres sur des étançons placés de chaque côté du mur.

5 Taillez le pourtour de la découpe avec une disqueuse ou un ciseau de briqueteur et une massette.

6 Descellez les briques ou les parpaings en éliminant leurs joints de mortier au ciseau de briqueteur avant de faire levier avec une pince à décoffrer.

7 Retirez la maçonnerie jusqu'à complet dégagement de la partie préalablement découpée.

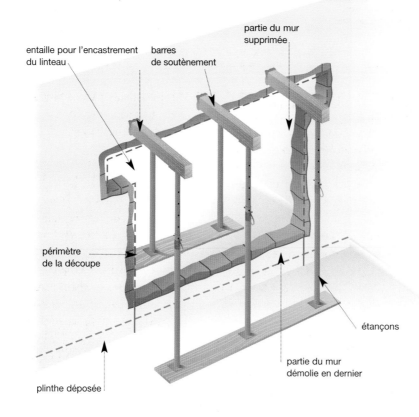

entaille pour l'encastrement du linteau

barres de soutènement

partie du mur supprimée

périmètre de la découpe

étançons

partie du mur démolie en dernier

plinthe déposée

Au moins deux personnes sont nécessaires pour mener à bien cette phase du travail, ne serait-ce qu'en raison du poids du moindre linteau,

qui doit être mis en place avec minutie. Contrôlez souvent l'horizontalité et l'alignement du linteau, car vous ne pourrez guère rectifier sa position quand il sera encastré.

1 Dégagez la maçonnerie de part et d'autre du haut de la découpe pour permettre l'encastrement des extrémités du linteau.

2 Vérifiez avec soin les dimensions des entailles pour être bien sûr que le linteau s'y logera sans forcer.

3 Garnissez la base et le côté de l'entaille d'un lit de mortier, puis insérez le linteau.

4 Contrôlez l'aplomb du linteau et calez si nécessaire avec des morceaux de briques.

5 Bourrez du mortier au refus dans les cavités d'encastrement autour des extrémités du linteau.

6 Arasez les excès de mortier autour des cavités d'encastrement.

7 Finissez les pourtours de la découpe ainsi que ses chants avec un enduit de mortier ou de plâtre.

8 Ôtez les barres de soutènement et obturez leurs orifices.

trous de passage des barres rebouchés

linteau

chant de la découpe

cales d'appui de l'encastrement, en briques hourdées ou en dalles spéciales

spécifications

Outre la procédure de soutènement de la partie restante du mur, vous devez respecter scrupuleusement certaines spécifications.

barres de soutien

Le nombre des barres nécessaires pour soutenir correctement le mur dépend de la largeur de l'ouverture. Utilisez des bastaings d'au moins 150 x 100 mm de section. Si vous n'êtes pas sûr de vous, demandez à un architecte de déterminer le nombre et la section des barres de soutènement en fonction de la constitution du mur restant au-dessus de l'ouverture.

étançonnement

Vous trouverez à louer pour un prix modique des étançons métalliques réglables, parfaits pour ce genre de chantier. Posez leurs embases sur un madrier solide qui répartira la charge sur toute la surface du sol. Après les avoir soigneusement réglées et calées sous les barres, fixez les étançons au moyen de vis ou de grosses pointes passées dans les trous prévus à cet effet et situés dans leurs embases.

encastrement du linteau

Mieux vaut garnir le fond de l'entaille d'encastrement sur lequel l'extrémité du linteau s'appuie avec une base qui ne risque pas de s'affaisser. Elle peut être constituée par des briques ou une plaque en béton armé vibré taillée à mesure.

équipement de sécurité

Plus que tout autre, ce type de chantier ne doit accorder aucun compromis à la sécurité. Portez un casque et des gants, ainsi que des lunettes de sécurité quand vous découpez la maçonnerie. Portez également un masque anti-poussière quand vous entaillez la maçonnerie au ciseau à froid ou à la disqueuse. Ne laissez pas les débris s'accumuler dans le passage, mais charriez-les par brouettées au fur et à mesure (voir page 36 les conseils sur l'emploi des équipements de sécurité).

ouvrir un mur non-porteur ⚒

Avant tout, assurez-vous que le mur que vous envisagez de percer ou d'abattre ne supporte aucune autre charge que son propre poids. Dans ce cas, le chantier est assez simple et à la portée d'un amateur, pourvu qu'il ne lésine pas sur l'outillage et l'équipement et respecte une procédure rigoureuse. Vous devrez ensuite finir les raccords autour de l'ouverture. Mieux vaut donc veiller à limiter les atteintes au plafond et au plancher pendant les travaux.

La méthode de découpe d'un mur non-porteur varie selon qu'il est plein ou creux, en brique ou en plaque de plâtre. Commencez par sonder l'ouvrage pour le savoir. Mais surtout assurez-vous qu'il n'abrite pas des tuyauteries ni de circuits électriques, au besoin en le faisant examiner par un professionnel.

conseil d'expert

Ne sous-estimez pas les contraintes d'un tel chantier, tant pour les désagréments qu'il génère pour les autres occupants du logement que pour les débris qu'il engendre. Engagez donc les travaux de préférence quand les enfants ne sont pas là et louez une benne pour amasser les déblais au fur et à mesure.

déposer une cloison creuse

La structure légère des cloisons à double paroi facilite leur démontage, mais ceci ne dispense aucunement d'opérer avec ordre et méthode pour obtenir un résultat parfait.

outillage

pince à décoffrer

détecteur de canalisations

scie à panneaux

1 Commencez par débarrasser le mur de tout ce qui le décore : crochets, cimaises, consoles, etc. Décollez ensuite la plinthe à la pince

à décoffrer, en travaillant délicatement pour en récupérer un maximum (qui peut servir pour une autre réparation).

2 Localisez la traverse centrale de la structure, soit avec un détecteur à ultrasons, soit simplement en tapotant sur la paroi pour déceler l'emplacement qui porte sur le montant. Attaquez la paroi à la pince à décoffrer à proximité du montant ainsi repéré.

Passez la pince à décoffrer à travers la plaque de plâtre et élargissez l'orifice en prenant appui sur le montant.

3 Après avoir éliminé toutes les plaques de plâtre, sciez les montants, en commençant juste

au-dessus de leur liaison avec la traverse médiane, mais assez haut cependant pour que la scie ne morde pas dans les pointes qui assemblent les éléments.

4 Pour faciliter la dépose du rail de semelle, sciez-le en éléments suffisamment petits pour ne plus opposer une résistance importante à l'arrachement du sol.

conseil sécurité

Pour tout travail de démolition, portez un casque, des gants de travail et des lunettes afin de vous protéger des projections de débris.

5 Décollez les bouts de la semelle à la pince à décoffrer. Procédez de la même manière pour ôter le rail de têtière du plafond et les montants latéraux sur les murs d'appui.

La destruction complète d'une cloison pleine est rarement souhaitable, même sur le plan esthétique. Plus souvent, une découpe qui laisse subsister un muret donne un effet plus avenant, notamment entre un salon et une salle à manger.

outillage

crayon feutre ou fil à tracer
pince à décoffrer
massette
ciseau de briqueteur
profilé d'angle
scie à métaux
taloche de plâtrier
niveau à bulles

S'il est relativement aisé de détruire à la pince à décoffrer une cloison en briques plâtrières ou en carreaux de plâtre, l'opération s'avère plus ardue quand le mur est en parpaings. Dans tous les cas, commencez par le haut et descellez au ciseau de briqueteur les parpaings un par un sur une rangée, puis retirez les autres rangées en descendant vers le plancher.

Si vous réalisez une découpe partielle, tracez au préalable le périmètre de l'ouverture en vous guidant avec un niveau à bulles. De préférence, limitez la découpe au niveau des lignes d'assemblage des parpaings.

1 Éliminez les restes de mortier des joints et arasez les chants de la découpe, avec une disqueuse ou au ciseau de briqueteur et à la massette.

2 Avec une scie à métaux (voir page 133), découpez une longueur de profilé d'angle correspondant au côté de la découpe. Insérez-le en le faisant tenir par quelques plots de plâtre et en veillant à sa verticalité. Placez de même une autre longueur de profilé le long de l'angle adjacent. Calez les deux éléments pendant que le plâtre qui les retient durcit complètement.

3 Appliquez une solution de résine d'accrochage (5 parts d'eau pour 1 de résine) sur la maçonnerie des chants de la découpe, en imbibant bien le moindre creux.

4 Recouvrez le chant de la découpe avec un plâtre de rebouchage ou un mortier de finition, sans rechercher à ce stade une finition de surface parfaite, mais en la striant (voir page 130) avant qu'elle ne sèche.

5 Appliquez l'enduit de finition – au plâtre ou au ciment selon la finition souhaitée – sur la surface striée quand celle-ci est bien sèche. Lissez-la avec la taloche, en la guidant sur les deux profilés insérés dans les angles. Appliquez le même enduit de finition sur les parements de chaque côté de la découpe.

niveler deux planchers ✂✂

Quand on abat une cloison pour constituer une seule pièce, le niveau des deux planchers est parfois plus ou moins décalé, en particulier dans une construction ancienne et plus encore quand les deux pièces appartiennent à des parties d'époques différentes. Le joint qui permet de rattraper cette différence dépend bien sûr de l'écart de niveau, mais aussi de la nature du revêtement final du plancher de la nouvelle pièce constituée.

Il arrive que les deux niveaux correspondent bien, mais la cloison démolie laisse toujours une trace importante, même si elle avait été rajoutée pour recouper une grande pièce. En général, on doit combler une rainure, spécialement quand la cloison était en matériaux pleins. Ce comblement dépend de la nature des planchers à réunir et l'opération est évidemment plus délicate quand ceux-ci sont de nature très différente.

dalles en béton

outillage

brosse à poils durs
ciseau de briqueteur
massette
pinceau queue-de-morue
truelle à bout rond
bastaing
taloche de plâtrier

En général, une cloison creuse est érigée sur une dalle de béton et la remise en état de son ancienne base d'appui est une opération assez simple. En revanche, il n'est pas rare qu'une cloison en briques ou en parpaings ait été montée avant le coulage des dalles des planchers. La démolition de la cloison fait alors apparaître une saignée entre les deux planchers ; à moins que vous n'ayez découpé la rangée inférieure de parpaings au ras du sol, mais cette opération ne laisse jamais un joint lisse entre les deux dalles.

1 Éliminez les débris par un brossage énergique et passez l'aspirateur pour enlever la poussière de ciment ou de plâtre. Si des débris de l'ancien mur subsistent en saillie sur le niveau des planchers, arasez-les soigneusement au ciseau de briqueteur.

2 Préparez un adjuvant d'accrochage et appliquez-le sur le joint entre les planchers, en tamponnant avec le pinceau pour bien imbiber le matériau et en débordant de part et d'autre.

3 Gâchez du mortier (5 parts de sable pour 1 part de ciment). Bourrez le joint en hachant le mortier avec le tranchant de la truelle, afin

qu'il remplisse parfaitement le moindre interstice. Déposez suffisamment de mortier pour combler la rainure, et réalisez un cordon un peu plus haut que le niveau du sol.

4 Avec un tasseau un peu plus large que le joint, raclez le mortier en excédent. Tirez doucement le tasseau en reculant et en lui donnant un mouvement rapide de va-et-vient latéral pour bien araser le cordon au niveau du sol. Bien conduite, cette opération laisse

normalement une surface uniforme et parfaitement plane. Éliminez les débris de mortier restant de part et d'autre du joint avec une truelle.

5 Quand le mortier est sec, finissez la surface avec un enduit de ragréage. Recouvrez largement le sol de part et d'autre. Lissez cet enduit avec une taloche de plâtrier. Laissez sécher complètement avant de marcher dessus.

rattraper une différence entre niveaux

Le joint doit assurer une continuité parfaite entre les deux niveaux, même si leur hauteur est plus ou moins décalée. Si la pente est faible, il suffit de lisser le mortier à la truelle en lui donnant une pente régulière sur toute sa longueur. Mais si la différence de niveau est importante, il faut relever le sol le plus bas, par exemple en coulant une dalle dont l'épaisseur supprimera cette différence.

planchers en bois

outillage

perceuse–visseuse

marteau d'emballeur

pince à décoffrer

Un plancher est réalisé de manière très différente selon qu'il est recouvert d'un revêtement ou non. S'il suffit de poser une planche entre deux planchers recouverts d'un revêtement, le raccordement de deux planchers nus est plus délicat.

raccorder deux parquets

1 Fixez sur la lambourde de l'un des côtés de la saignée de l'ancienne cloison un tasseau de 50 x 24 mm dont le chant supérieur est au même niveau que celui de la lambourde, c'est-à-dire juste au-dessous du niveau des lames.

2 Recouvrez la saignée avec une bande de bois fixée sur ces tasseaux. Si la saignée est relativement étroite, utilisez des lames de parquet après avoir raboté leurs chants pour les amener à la largeur voulue et clouez-les en biais sur les tasseaux. Si la largeur du joint dépasse celle d'une lame standard, mieux vaut couper des bandes dans un panneau de particules.

reconstituer un parquet

La pose d'une lame en travers rompt l'esthétique du parquet de la pièce reconstituée. Il faut recréer une continuité entre les parquets des planchers des anciennes pièces.

1 Vissez des tasseaux le long de la lambourde comme dans le cas précédent. Soulevez doucement une lame sur deux du parquet. Si les deux surfaces étaient parquetées avec des lames dans le même sens, soulevez celles se faisant face ; sinon, vous devez refaire le parquet d'un des deux planchers (le plus petit, de préférence).

2 Arrachez les pointes qui fixaient les extrémités des lames enlevées dans la lambourde.

3 Coupez des lames neuves de même essence et ajustez-les entre les deux parquets.

bâtir une cloison à ossature – 1 ↗↗↗

La réalisation d'une cloison à ossature – quel que soit le matériau utilisé pour ses parements – commence toujours par le traçage de ses lignes de jonction sur le sol, le plafond et les murs d'appui. On monte ensuite l'ossature – en chevrons ou en fourrures métalliques – puis on garnit celle-ci, soit avec deux parements en plaques de plâtre, soit avec des panneaux composites à âme alvéolaire prise entre deux plaques de plâtre.

Si le type de matériau utilisé pour construire la cloison détermine évidemment la constitution de son ossature, celle-ci doit surtout tenir compte de la position de la cloison par rapport aux ossatures du plancher et du plafond. Il vaut toujours mieux implanter la cloison perpendiculairement aux lambourdes du plancher et/ou aux poutres du plafond. Commencez donc par rechercher le sens de ces éléments avant de déterminer l'emplacement de la cloison.

monter l'ossature

outillage

marteau
cordeau à tracer
niveau à bulles
crayon de charpentier
scie à panneaux
perceuse–visseuse
mètre ruban
lève-panneau (facultatif)
fil à plomb (facultatif)

L'ossature en bois est composée de chevrons de 70 x 40 cm ou de 105 x 52 cm. Les fabricants de plaques de plâtre proposent également des profilés spéciaux de section en "U" en tôle d'acier galvanisée, qui s'assemblent au moyen de cavaliers universels. Si une pièce doit connaître une atmosphère humide, on monte la cloison sur un U en PVC qui la préserve des remontées d'humidité.

porte coulissante

Pour gagner de l'espace, vous pouvez intégrer une porte coulissante entre les parois de la cloison. Elle se monte dans un coffrage spécial qui se pose en même temps que l'ossature dont elle doit être solidaire. Elle coulisse suspendue sous un rail supérieur.

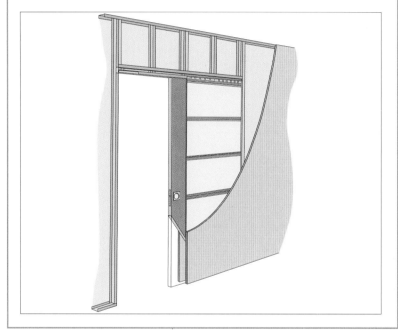

1 Avec un cordeau à tracer, marquez les côtés du chevron de têtière, espacés de l'épaisseur de la cloison moins celles des deux parois.

2 Sur les murs, tracez les verticales descendant des deux parallèles marquées au plafond, en vous guidant avec un fil à plomb ou un niveau.

3 Coupez les plinthes sur les tracés. Présentez le rail d'embase dans les encoches et marquez dessus l'emplacement des chants extérieurs du dormant de la porte.

4 Fixez le rail au sol tous les 40 cm environ. Sur un plancher, utilisez des vis autoperceuses. Sur une dalle en béton, percez le rail, reportez l'emplacement des trous, retirez le rail et percez la dalle pour insérer des chevilles. Replacez le rail et vissez-le.

5 Fixez de la même façon le chevron de têtière entre les lignes tracées au plafond.

6 Coupez un tasseau à la distance exacte entre la têtière et le rail d'embase sur chaque mur d'appui. Positionnez chacun de ces montants en insérant sa base dans l'encoche sciée dans la plinthe.

7 Tracez sur le rail d'embase l'emplacement des montants, normalement espacés de 40 cm,

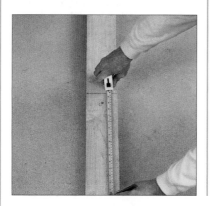

en partant des côtés de la porte et préalablement tracés sur le rail pour aller vers les murs. Si le dernier intervalle dépasse 60 cm, réduisez l'espacement pour obtenir un pas constant entre les montants.

8 Coupez de petits bouts de chevron pour constituer des tasseaux qui serviront d'appui à la base des montants. Clouez-les le long du tracé d'un côté de chaque montant (le même côté à chaque fois).

9 Traitez les chevrons avec un produit insecticide et fongicide, en insistant sur le rail d'embase, le plus exposé à l'humidité du sol. Laissez le produit sécher complètement avant de terminer l'ossature (voir pages suivantes).

fixation d'équipements lourds

Pour suspendre une charge très lourde (comme un chauffe-eau ou un évier) sur une cloison creuse, vous devez ajouter entre deux montants – eux-mêmes renforcés, par exemple en les doublant – deux traverses sur lesquelles l'appareil sera posé. Renforcez la fixation de ces traverses sur les montants au moyen de cornières ou de goussets. Pour les ossatures métalliques, des supports spéciaux sont proposés dans les kits de montage.

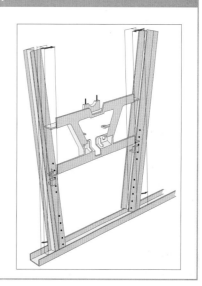

bâtir une cloison à ossature – 2 ///

Avant de poursuivre la construction de l'ossature, déterminez l'emplacement où vous voulez éventuellement fixer des appareils lourds, afin de prévoir une structure renforcée à cet endroit (voir page précédente). Prévoyez également le passage de canalisations dans la cloison, pour les circuits électriques ou l'eau.

montants et traverses

1 Coupez chaque montant à la hauteur entre rail et têtière, relevée à son emplacement : souvent, elle varie d'un mur à l'autre. Clouez chaque montant en biais le long du tasseau d'appui fixé sur le rail puis de l'autre côté, au moyen de pointes de charpentier de 10 cm.

2 Calez le montant verticalement au moyen du niveau (ou du fil à plomb) et enfoncez à demi

une pointe en biais d'un côté. Vérifiez à nouveau sa verticalité puis clouez une seconde pointe de l'autre côté.

3 Vérifiez encore la verticalité de tous les montants avant d'enfoncer complètement les pointes dans la têtière.

4 Pour l'imposte au-dessus de la porte, coupez un chevron à la longueur de l'écartement entre les montants dans lesquels le chambranle va s'encadrer. Fixez cette traverse d'imposte à une hauteur correspondant à la hauteur hors tout du dormant, en veillant à ce qu'elle soit bien horizontale.

5 Si la porte a une largeur supérieure à 80 cm, ajoutez un petit montant vertical au milieu des deux montants. Fixez ce renfort avec deux pointes clouées en biais sous la têtière et une pointe verticale dans la traverse d'imposte.

6 Renforcez également l'ossature avec des traverses horizontales entre les montants, à peu près à mi-hauteur (mais décalées de l'un à l'autre pour pouvoir les clouer commodément dans les montants).

7 Percez dans les chevrons de l'ossature les trous pour le passage des canalisations, en respectant une séparation d'au moins 20 cm entre tuyauteries métalliques et conduits électriques.

8 Passez les circuits électriques dans des tubes en PVC (blancs ou gris exclusivement), ou utilisez des câbles souples trifilaires à surmoulage en PVC blanc ou gris.

poser les plaques de plâtre

Utilisez des plaques de plâtre à bords amincis (voir page 84) suffisamment longues pour recouvrir d'un seul tenant la distance du sol au plafond. Il est toujours recommandé de ne pas laisser vide l'espace entre les plaques mais de le remplir avec un isolant. Choisissez un isolant à dominante antiphonique pour une cloison séparant une chambre d'une pièce d'activité et préférez un isolant thermique si la cloison ferme un volume peu ou pas chauffé (placard, toilettes, escalier).

Les plaques ne tombent jamais d'équerre sur tous leurs côtés, car souvent le plafond n'est pas vraiment plan (le plancher aussi dans les vieilles constructions) et l'équerrage des murs est aussi sujet à caution. Tracez chaque plaque juste avant de la poser, en rayant profondément le matériau pour faciliter ensuite la découpe.

conseil d'expert

Mieux vaut toujours travailler à deux pour manipuler les plaques de plâtre. Toutefois, si vous ne trouvez pas d'assistant, utilisez un lève-plaque pour les caler contre l'ossature. Vous pouvez en confectionner un avec un tasseau posé à angle droit sur un autre pour faire levier sous la plaque.

1 Calez le chant supérieur de la plaque contre le plafond et reportez le profil de celui-ci sur la plaque en traçant au trusquin avec un crayon de charpentier et un petit tasseau. Plaquez le tasseau avec votre paume sur le haut de la plaque et faites-le glisser sur la surface du plafond en pinçant le crayon entre le pouce et le milieu de l'index.

2 Vous pouvez fixer les plaques de plâtre avec des pointes spéciales, enfoncées à une distance de 15 à 25 mm des bords des plaques et à 15 cm environ d'intervalle. Mais les fabricants conseillent d'utiliser plutôt des vis spéciales, placées selon les mêmes règles au moyen d'une visseuse électrique. Au passage de la porte, efforcez-vous de placer deux plaques dont le joint tombe au milieu de l'imposte : il risque moins de se fendre que deux joints dans le prolongement des montants.

3 Quand vous avez recouvert une face de la cloison, placez les appareils électriques et raccordez-

les (leurs circuits n'étant pas encore connectés à l'alimentation). Vous pouvez ensuite remplir les espaces de l'ossature avec de l'isolant avant de poser les plaques de l'autre face. Terminez en posant la porte.

conseils d'expert

• **Traverses supports** – En dehors des supports à prévoir pour les équipements lourds (voir page 49), clouez des tasseaux entre les montants de l'ossature à hauteur voulue pour fixer des glaces, des tableaux, voire des petites consoles.

• **Joints bord à bord** – Veillez à aligner parfaitement le chant des chevrons sur lequel les plaques vont s'appuyer, en utilisant une longue règle placée diagonalement. Vous éviterez ainsi un décalage difficile à rattraper entre les bords des plaques.

• **Préserver les plaques** – Lors de leur clouage ou vissage, veillez à ne pas marquer la face de la plaque avec la panne du marteau. Vous pouvez terminer d'enfoncer la tête de la pointe en interposant un petit carré de clinquant ou de contreplaqué. Si vous utilisez des vis, équipez la visseuse d'une butée réglée de manière à ne pas enfoncer la tête de la vis sous la face de la plaque de plus de 1 mm environ.

• **Repérage des montants** – Pour retrouver l'emplacement des montants (afin d'y visser une fixation, par exemple) lorsqu'ils sont recouverts par les plaques, repérez leur axe d'un coup de crayon sur le plancher, le long du rail d'embase. Il vous suffira d'élever la verticale partant de ce repère, au moyen d'un niveau à bulles ou d'un fil à plomb.

réaliser un arc en plein cintre ⁄⁄⁄⁄

L'arc en plein cintre formant une ouverture entre deux pièces crée un style plus élégant
que la simple ouverture rectangulaire. L'emploi d'éléments moulés en plâtre en facilite
la construction. La qualité de finition dépend seulement du soin apporté à la réalisation.
Le bricoleur expérimenté peut même s'attaquer à des formes plus évoluées, de l'anse
de panier à l'ogive ou à l'arc brisé, avec éventuellement des pilastres à corniches de chaque côté.

ouverture en arche dans une cloison

outillage

perceuse–visseuse
tournevis
mètre ruban
scie à métaux
marteau
couteau à enduire
taloche

On peut réaliser une arche
dans une ouverture existante,
mais il est plus facile de le faire
dans une cloison neuve, car on est
au moins assuré que cette construction
est bien d'équerre, ce qui est rarement
le cas dans un ouvrage ancien.

1 Présentez l'une des demi-arches
préformées dans un angle supérieur
de l'ouverture et reportez sur les
chants de celle-ci l'emplacement
des trous prépercés dans la demi-arche.
Alignez soigneusement les flancs
de celle-ci avec les flancs de la cloison.

2 Fixez la demi-arche avec
des vis à bois, de préférence
avec un tournevis. Si vous utilisez
une visseuse, réglez son patinage
au couple le plus faible, pour
éviter un serrage excessif
des vis qui pourrait fissurer le plâtre.
Terminez de toute façon à la main.

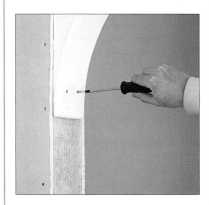

3 Découpez une bande
de plaque de plâtre pour
couvrir chaque chant de l'ouverture
depuis la base de la demi-arche
jusqu'au plancher, afin de prolonger
harmonieusement la surface courbe
du dessous de l'arche. Fixez
ces plaques avec des pointes
ou des vis spéciales, en veillant
à ne pas faire de marques.

4 Coupez les cornières d'angle
à la longueur du plancher
à la base des arches. Fixez-les
sur les angles de l'ouverture
avec des pointes à plaques de plâtre.
Veillez à bien aligner l'arête de chaque
cornière dans le prolongement
de celle de la demi-arche.

5 Répétez les opérations 1 à 4
de l'autre côté de l'ouverture pour
fermer l'arche, en vérifiant l'alignement
des flancs des deux demi-arches avec
une règle présentée sur les diagonales
et transversalement. Un espace va
probablement subsister entre les deux
demi-arches. Il faut alors le combler
avec des morceaux taillés dans
une chute de plaque de plâtre.

Les éléments moulés prêts
à poser n'assurent pas une continuité
parfaite entre l'arche et les parements
de la cloison. Pour obtenir une finition
parfaite, comblez les joints
avec un enduit de rebouchage,
puis poncez avec un papier
abrasif très fin.

6 Après avoir vérifié l'alignement
de tous les éléments, et procédé
aux rectifications éventuelles, comblez
tous les interstices avec un enduit
de rebouchage.

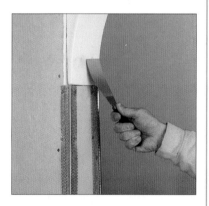

7 Masquez les joints entre
les divers éléments de l'arche et
entre celle-ci et les flancs de la cloison
au moyen de bandes de calicot.

8 Finissez les surfaces
avec un enduit ou du plâtre
(voir pages 86–87), en couvrant
complètement les flancs des demi-
arches. Cette couche doit masquer
les petites irrégularités de planéité

entre la cloison et l'arche. Là ou les
creux dépassent 2 à 3 mm, appliquez
plutôt deux couches minces qu'une
épaisse qui se fissurera. En revanche,
vous pouvez laisser la face inférieure
de l'arche dans son état d'origine si
les joints avec les chants descendant
vers le sol et entre les deux demi-
arches ont été parfaitement masqués.
Vous pouvez aussi souligner le contour
de l'ouverture avec une architrave.

● **Moulage des angles** – Au lieu
de garnir les angles montant sous
l'arche avec des cornières de renfort,
vous pouvez former les angles avec
du plâtre à mouler posé sur des bandes
de papier armé. Vous pouvez employer
le même plâtre (qualité "artistique")
pour enduire les éléments de l'arche
avant de passer un enduit de finition.

● **Traitement des fissures** – Une
construction soigneusement réalisée
et dont les joints ont été comblés
avec le plus grand soin ne devrait pas
se fissurer. Toutefois, une arche posée
sur une cloison neuve peut subir
des micro-déplacements
d'affaissement. S'ils entraînent
des fissures importantes, mieux
vaut démolir l'ouvrage et le refaire.
En revanche, les micro-fissures
de faïençage peuvent être comblées
avec un enduit de rebouchage,
et une fissure isolée peut être
aveuglée sous une bande de calicot.

La finition de l'ouverture en arc participe à la décoration d'ensemble, assurant
une transition douce entre les deux pièces.

créer un passe-plat ↗↗↗

Si leur principale raison d'être reste de faciliter le service entre la cuisine et la salle à manger, les passe-plats sont de plus en plus agrémentés – au moins en dehors des principaux repas – de plantes en pots ou autres objets décoratifs. Cette fonction décorative explique les soins apportés à la réalisation de ces ouvertures, bien au-delà des simples nécessités de leur fonction. Facile à réaliser dans une simple cloison, le passe-plat peut aussi percer un mur porteur.

passe-plat dans une cloison creuse

outillage

détecteur de canalisations

crayon de charpentier

niveau à bulles

mètre ruban

scie égoïne

scie à panneaux

marteau

perceuse–visseuse

boîte à onglets

1 Examinez l'emplacement envisagé pour le passe-plat, afin de repérer des canalisations qui pourraient courir dans la structure, ainsi que l'emplacement des montants et traverses de l'ossature de la cloison. Déterminez l'emplacement exact de l'ouverture. Évitez le plus possible d'avoir à déplacer une canalisation et minimisez les travaux. Arrangez-vous notamment pour placer l'ouverture entre deux montants, ce qui évitera d'avoir à couper l'ossature.

2 Tracez le pourtour de l'ouverture avec un crayon guidé par le niveau à bulles. La précision de ce tracé a une influence importante sur le déroulement des travaux et l'effet esthétique du passe-plat. Vous pouvez en juger en collant dans le cadre un rectangle de papier clair entouré d'une bande de kraft.

3 Découpez l'ouverture au moyen d'une scie égoïne à denture adaptée à la coupe du matériau de la cloison. Vous pouvez préparer la pénétration de la scie en entamant la plaque de plâtre avec un cutter robuste ou une pointe à tracer. Avec la pointe de l'égoïne et en procédant par petits coups, perforez la plaque

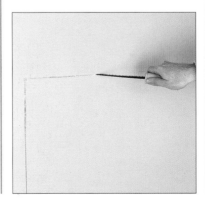

vers le milieu d'un côté du tracé. Sciez d'abord toute l'épaisseur de plâtre en évitant d'attaquer un élément de l'ossature. À l'emplacement d'un montant ou d'une traverse, maniez la scie à plat sur le plâtre. Découpez ainsi les deux parois de la cloison.

4 Coupez les traverses de l'ossature avec une scie munie d'une denture adaptée au matériau. Faites attention à proximité des liaisons entre montants et traverses : quand vous touchez une pointe, coupez-la à la scie à métaux avant de poursuivre la découpe de la traverse, mais ne touchez pas encore aux montants.

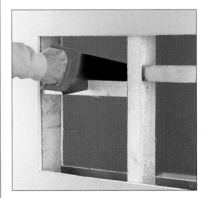

5 Placez des traverses de part et d'autre du montant découvert par la découpe, en haut et en bas de cette ouverture, de telle manière qu'ils soient complètement masqués entre les deux parois de la cloison. Pour ne pas déplacer la structure sous les coups de marteau, ni risquer d'enfoncer ces traverses entre les plaques, fixez ces morceaux de chevron par vissage en pratiquant des avant-trous pour réduire la pression à exercer sur la tête des vis.

6 Coupez le montant en glissant la lame de la scie à plat sur les faces de l'ouverture.

7 Fermez l'encadrement de l'ouverture avec des lattes de 2 à 2,5 cm d'épaisseur, et d'une largeur égale à l'épaisseur de la cloison. Clouez-les sur les faces inférieure et supérieure, puis sur les faces latérales. Utilisez des pointes tête homme dont vous mastiquerez ensuite le passage de la tête.

8 Découpez les moulures de l'architrave dans la boîte à onglets après en avoir tracé

les dimensions. Sur chaque face de la cloison, clouez les moulures autour de l'ouverture, en plaçant d'abord les grands côtés (haut et bas), puis les parties latérales. Utilisez des semences fines. Pour améliorer la tenue des angles, encollez les chants des onglets avant de fermer le cadre et solidarisez-les en enfonçant une semence de biais du petit côté vers le grand.

MURS PORTEURS

Ces deux pages décrivent l'ouverture d'un passe-plat dans une cloison creuse. La technique diffère sensiblement avec une cloison pleine, surtout s'il s'agit d'un mur porteur. Dans ce cas, respectez la procédure décrite pour l'abattage d'une ouverture dans un mur porteur (voir page 42). Néanmoins, les dimensions réduites de l'ouverture simplifient considérablement les travaux d'étançonnement. Le linteau peut d'ailleurs facilement être réalisé avec une petite poutre de chêne, éventuellement portée par deux montants de même nature. Si le mur est en briques ou en parpaings, efforcez-vous de limiter le périmètre de l'ouverture sur des lignes de joints.

Tout en assurant une communication commode pour le service entre deux pièces, un passe-plat peut aussi améliorer la luminosité dans la pièce la moins éclairée.

insonoriser les murs ⟋⟋⟋

La meilleure façon d'insonoriser un mur – en termes de rapport coût-efficacité – reste celle que l'on intègre au moment de la construction. Malheureusement, cette insonorisation était légère, voire inexistante, dans la plupart des bâtiments érigés dans les années 1960 et 1970. Les spécialistes ont donc développé des matériaux adaptables à un ouvrage existant. Les techniques de mise en œuvre sont à la portée d'un amateur.

Un renforcement de l'insonorisation s'impose souvent au niveau du mur entre deux logements mitoyens.

insonoriser un mur mitoyen

outillage

pince à décoffrer

mètre ruban

crayon

scie à panneaux

perceuse–visseuse

niveau à bulles

gants de protection

masque anti-poussière

scie à métaux

pistolet applicateur

La méthode la plus radicale pour insonoriser un mur mitoyen consiste à le doubler d'une cloison et à remplir l'espace avec un matériau isolant phonique. Mais une insonorisation efficace suppose une surépaisseur qui peut réduire sensiblement le volume de la pièce. Cette opération constitue toujours un chantier important. Nous décrivons ici une technique qui limite la surépaisseur de 5 à 7,5 cm, et apporte une amélioration bien suffisante dans la majorité des cas. Elle met en œuvre un isolant phonique collé en sandwich entre deux plaques de plâtre d'épaisseurs différentes. Vous pouvez d'ailleurs reconstituer cette construction en combinant des plaques de plâtre standards

d'épaisseurs différentes, la plus épaisse des deux étant placée du côté d'où proviennent les bruits les plus importants (la différence d'épaisseur élargit le spectre des fréquences atténuées, donc l'efficacité de la cloison insonorisante).

1 Avec la pince à décoffrer, décollez la plinthe de la base du mur à insonoriser, en veillant à ne pas l'endommager pour pouvoir la replacer sur la cloison de doublage.

2 Tracez une série de repères espacés de 60 cm, en partant de la base du mur. Comme il y a peu de chances que la hauteur du mur soit un multiple exact de 60 cm,

vous pouvez laisser une hauteur quelconque pour l'espace situé sous le plafond.

3 Tracez au cordeau et au niveau à bulles une ligne horizontale passant par chaque repère et percez (tous les 30 à 40 cm) des trous pour placer les chevilles nécessaires à la fixation des barres d'ossature, qu'il s'agisse de profilés spéciaux fournis avec le matériau isolant ou de tasseaux de l'épaisseur du matériau.

4 Placez les barres d'ossature en remontant du bas vers le plafond. Vérifiez leur parfaite horizontalité au moyen du niveau à bulles. S'il s'agit de profilés fournis

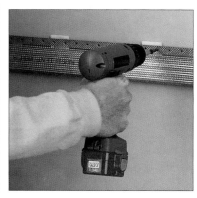

avec le matériau insonorisant, veillez à respecter le sens de montage indiqué. Dans le cas de tasseaux en bois, utilisez des éléments bruts en pin et traitez-les avec un produit fongicide et insecticide.

5 Fixez les bandes d'absorbant phonique entre les barres du bas. Si l'ossature est en profilés spéciaux, insérez les rives du matériau dans les rainures des chants des profilés. Si l'ossature est réalisée en tasseaux, retenez la bande d'isolant au moyen d'une ficelle de nylon tendue en zigzag entre des semences piquées dans les tasseaux. Manipulez le matériau insonorisant avec des gants et veillez à ne pas le plier ni le déchirer.

6 Garnissez ainsi toute la surface du mur en superposant les bandes d'isolant. Assurez-vous que le matériau comble sans interstice les espaces entre les barres et qu'il se plaque sur le mur sans se gondoler. En outre, respectez le sens de pose éventuellement marqué sur la face

interne de la bande. Veillez également à assurer un joint sans interstice entre les extrémités des plaques d'isolant posées bout à bout dans chaque bande entre deux barres.

7 Coupez les plaques de plâtre, à la distance sol-plafond, au fur et à mesure de la pose. Fixez la première contre un angle, son bord aminci tourné vers la suivante. Utilisez des vis spéciales, placées tous les 15 à 20 cm, d'une longueur assurant une prise dans les barres au moins égale à 1,5 fois l'épaisseur des plaques, mais qui n'atteignent pas le mur recouvert.

8 Accolez la plaque suivante contre la première et fixez-la de la même manière. Poursuivez le recouvrement de l'isolant en veillant à ce qu'aucun interstice ne subsiste, ni entre les plaques, ni à leur jonction avec le sol et le plafond. Présentez la dernière plaque contre le muret. Reportez le profil de celui-ci avec un trusquin. Coupez la plaque, tracez l'emplacement des barres de fixation et vissez-la en place.

9 Appliquez un mastic au silicone sur toutes les jonctions entre les plaques, avec le sol et avec le plafond. Reposez la plinthe en la collant sur la base des plaques et finissez le parement selon votre goût.

INSONORISATION DU SOL

Mieux vaut toujours éliminer le bruit à la source qu'être obligé d'étouffer sa propagation. La moquette constitue le revêtement le plus efficace pour réduire le bruit des pas dans une pièce. Cette efficacité peut d'ailleurs être accrue en posant la moquette sur un film d'isolant phonique en feutre bitumeux ou en liège. On peut ainsi insonoriser efficacement un plancher d'étage qui transmet très facilement les bruits de pas dans les pièces en dessous, mais également latéralement. Cette insonorisation vient donc en complément de celle des murs.

conseil d'expert

Utilisez des moyens de traçage et de sciage adaptés au matériau insonorisant et à celui de l'ossature qui supporte les plaques de plâtre. Tracez à la craie sur l'isolant phonique et découpez-le avec une scie à panneaux. La même scie peut servir pour les plaques de plâtre. Marquez les profilés métalliques avec un crayon feutre et sciez-les à la scie à métaux. Tracez au crayon sur les tasseaux en bois.

bâtir une cloison en parpaings ///

Bien qu'il soit plus facile de monter une cloison en plaques de plâtre (voir pages 48–51), l'emploi de parpaings s'avère parfois préférable, notamment si l'une des deux pièces que séparera la cloison n'est pas chauffée, ou s'il y règne un bruit difficilement supportable par les occupants de l'autre pièce. La cloison en parpaings est par ailleurs mieux adaptée à supporter une charge importante en porte-à-faux, comme un ballon d'eau chaude ou une chaudière murale.

outillage

niveau à bulles

crayon

mètre ruban

perceuse–visseuse

clé anglaise ou pince-étau

marteau

truelle à bout rond

truelle à hourder

marteau d'emballeur

ciseau de briqueteur

lunettes de sécurité

gants de travail

1 Sur l'un des murs contre lequel la cloison doit se raccorder, tracez du sol au plafond la verticale correspondant à l'une des faces de la cloison, moins la moitié de la différence de largeur entre le montant d'accrochage choisi et l'épaisseur des parpaings. Ce second tracé guidera la pose du montant, généralement constitué d'un profilé spécial ajouré en acier galvanisé. Présentez-le en place pour repérer la position de ses trous de fixation et percer le mur pour y insérer des chevilles.

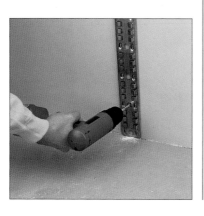

2 Placez les chevilles adaptées à la consistance du mur d'appui. En général, le profilé est fixé par des tire-fond, avec une large rondelle. Placez les tire-fond à la main, serrez celui du bas, vérifiez la verticalité du montant, puis bloquez les tire-fond en partant alternativement des extrémités. Reportez à travers le sol ou le plafond l'emplacement du montant sur le mur d'en face et équipez celui-ci avec le même type de montant.

3 Enfoncez dans chaque mur, à 15 cm environ du sol, une pointe de charpentier au niveau d'une des faces de la cloison (guidez-vous

conseil sécurité

Les parpaings – même creux – sont relativement lourds. Il faut bien évaluer le poids que la cloison va faire supporter au plancher et s'assurer que celui-ci pourra tenir sans fléchir, spécialement si c'est un plancher d'étage ou une dalle sur vide sanitaire, pour lesquels il est toujours sage de prévoir un renforcement de la structure. Si vous avez le moindre doute, demandez l'avis d'un professionnel.

avec un parpaing présenté à sec contre le montant). Tendez entre ces pointes un cordeau de maçon grâce auquel vous pourrez aligner correctement la première rangée de parpaings.

4 Posez sur le sol un peu de mortier bâtard en partant du montant. La bande doit être un peu plus large et longue que la base d'un parpaing et épaisse de 3 à 4 cm. Ne garnissez pas à l'avance toute la longueur de la base de la cloison, car le séchage du mortier compromettrait la qualité de l'assise des derniers parpaings posés.

5 Déposez une truellée de mortier bâtard sur l'extrémité du premier parpaing et moulez-la en forme de toit.

La crête de ce cordon du joint d'appui doit avoir une épaisseur égale environ à la moitié de la largeur du parpaing.

6 Présentez le parpaing sur le cordon de sol et repoussez-le contre le montant pour écraser le joint de mortier. Placez le parpaing en le bougeant à petits coups alternatifs le long du cordeau jusqu'à ce que le mortier écrasé déborde de ses faces.

7 Ajustez l'alignement du parpaing le long du cordeau, en tapotant avec l'extrémité du manche de la truelle, mais évitez de taper au milieu d'un parpaing creux.

8 Posez un niveau à bulles sur le parpaing et ajustez son horizontalité, puis vérifiez la verticalité de son côté et rectifiez si nécessaire en veillant à ne pas modifier l'alignement le long du cordeau. La qualité du positionnement de ce premier bloc détermine celle de l'ensemble de la rangée et influe donc sur la cloison entière. Poursuivez la pose de la rangée de base en revérifiant l'alignement et la verticalité à chaque parpaing.

9 Garnissez le dessus de la rangée de parpaings d'un cordon de mortier épais d'environ la moitié de la largeur des parpaings. Placez dans les montants les clés d'ancrage noyées dans le mortier.

10 Posez la deuxième rangée à joints rompus, en commençant par poser un demi-parpaing sur le premier de la rangée de base. Coupez ce bloc avec une tronçonneuse équipée d'un disque spécial ou au ciseau de briqueteur. Le parpaing doit être mis sur une surface

dure. Travaillez en portant des lunettes et des gants de protection pour vous protéger des projections de débris.

11 Contre le demi-parpaing de départ, posez un bloc entier après avoir garni son extrémité d'un cordon de mortier. Ajustez sa verticalité, son horizontalité et l'alignement de ses parements avec ceux de la rangée de dessous. Montez ainsi 5 rangées de parpaings au maximum et laissez le mortier sécher avant de poursuivre le travail.

ouvertures

Pour intégrer une porte, repérez l'emplacement de celle-ci au sol. S'il s'agit d'un bloc-porte prêt à poser, vous pouvez le placer avant de hourder les parpaings. Dans les chants extérieurs du dormant, enfoncez des pointes en biais, ou vissez des pattes d'ancrage au niveau de chaque joint de mortier entre les rangées de blocs. Posez un linteau au-dessus d'une ouverture large avant de terminer la construction de la cloison.

placer une bouche d'aération ⚞

Une bonne ventilation constitue un paramètre fondamental pour la santé des occupants d'une habitation comme pour celle des structures. Tant que l'on ne se préoccupait pas d'isoler les logements, leur aération s'effectuait naturellement par de multiples interstices. Il n'en va plus de même dans les habitations bien calfeutrées, où il est donc nécessaire d'établir une circulation de l'air dans les pièces les plus exposées à la condensation et dans l'ensemble du logement.

PIÈCES À VENTILER

Une bonne ventilation est indispensable dans certaines pièces :

• **Salles de bains et cuisines** – L'humidité ambiante élevée qui caractérise l'atmosphère d'une salle de bains doit être évacuée par une ventilation importante, sinon la condensation fournira un terrain idéal au développement de moisissures et de certains insectes. Dans la cuisine, ce sont les vapeurs grasses et les fumées qu'il convient d'évacuer du mieux possible. Dans les deux cas, un système de ventilation mécanique s'impose généralement.

• **Planchers suspendus** – Une circulation continuelle d'air sec sous les planchers suspendus ou dans les vides sanitaires assure une bonne protection contre la pourriture sèche.

• **Cœurs de cheminées** – Quand une cheminée est condamnée, il importe d'y assurer une circulation d'air constante, par exemple en intégrant quelques briques perforées dans le mur séparant le cœur de cheminée de l'extérieur. Mais il est plus facile d'assurer cette circulation d'air depuis l'intérieur de la pièce, sans diminuer pour autant l'efficacité de l'aération.

• **Chaudières à combustible** – Un fonctionnement correct et en toute sécurité des appareils à combustion nécessite un apport d'air frais suffisant. N'obturez jamais les orifices d'aération placés à leur proximité et faites vérifier régulièrement ces équipements par un spécialiste.

installer une bouche d'aération

outillage

détecteur de canalisations

mètre ruban

crayon

scie-cloche sur perceuse

gants de travail

lunettes de sécurité

masque anti-poussière

scie à métaux

pistolet applicateur

1 Marquez l'emplacement du centre de la bouche d'aération, à une hauteur et à un emplacement conformes aux normes de sécurité. Assurez-vous qu'aucun circuit électrique ne passe dans le mur à cet emplacement.

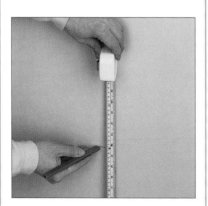

2 Équipez la perceuse avec la scie cloche, en veillant à bien centrer sa queue dans le mandrin. Assurez-vous de bien employer un outil adapté à la nature du matériau à découper et dont la denture est correctement affûtée.

3 Portez des gants, un masque et des lunettes de sécurité pour effectuer cette opération qui dégage beaucoup de poussière et peut éjecter des débris blessants. Positionnez la pointe du foret de centrage sur la marque tracée sur le mur et commencez à percer à vitesse normale, jusqu'à ce que la denture de la cloche atteigne la paroi. Retirez l'outil pour vérifier que le trou directeur est bien situé. Replacez l'outil au contact de la paroi et lancez la perceuse à vitesse réduite, en la tenant fermement, bien perpendiculaire. Pour éviter que la cloche ne fasse éclater le parement extérieur lorsqu'elle débouche, arrêtez la découpe à peu près à mi-épaisseur du mur. Remplacez la scie-cloche par une mèche à béton pour prolonger

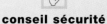

conseil sécurité

Ne modifiez pas le système de ventilation d'un logement comportant un appareil à combustion sans prendre le conseil d'un chauffagiste professionnel ; vous risqueriez des incidents graves, voire mortels.

le trou directeur sur toute l'épaisseur du mur, en veillant toujours à percer perpendiculairement. Replacez l'outil cloche dans le mandrin et reprenez la découpe depuis l'autre côté du mur.

4 Retirez le noyau découpé en passant le doigt dans le trou central ou en le chassant avec le manche du marteau. Si la cloison était creuse, assurez-vous qu'aucun débris n'est tombé entre ses deux parois.

5 Insérez le tube fourni avec l'aérateur (ou un tube d'un diamètre préconisé par le fabricant) dans la cavité ainsi découpée. Coupez

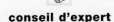

conseil d'expert

Quand vous achetez un extracteur statique (qui s'installe comme décrit ici), lisez la notice de montage pour déterminer les outils spéciaux nécessaires à sa pose, comme la scie-cloche. Il existe des scies à lame amovible, de diamètre réglable, permettant d'utiliser une lame adaptée au matériau à découper.

le tube au ras des faces du mur, au moyen d'une scie à métaux.

6 Garnissez l'espace entre le tube et l'intérieur de la cavité avec un mastic d'étanchéité au silicone, en injectant le produit grâce à un pistolet applicateur, depuis chaque côté du mur successivement. Si la découpe du mur a provoqué des éclatements, comblez-les au préalable avec un enduit de rebouchage.

7 Posez une grille d'aération en métal ou en plastique, sur la face intérieure du mur. Choisissez un modèle assorti

à la décoration du mur. Vous pouvez la peindre pour la rendre plus discrète, mais ne la recouvrez jamais de papier peint et ne la placez pas derrière un meuble.

8 Du côté extérieur, fixez une bouche thermodynamique. Celle-ci comporte un volet mobile qui empêche le refoulement de l'air et la pénétration de la pluie sous l'effet des rafales de vent.

9 Assurez l'étanchéité tout autour de la bouche extérieure par un cordon de mastic au silicone.

conseil d'expert

Des précautions particulières doivent être respectées pour installer un extracteur électrique dans une zone humide. Dans la salle de bains, ne placez rien dans le volume de sécurité et utilisez toujours un appareil à double isolation. Câblez l'alimentation en suivant les instructions de la notice d'installation, avec des raccordements sous boîtier étanche.

bâtir un mur en pavés de verre ⌐⌐⌐

Les éléments en verre n'offrant aucune résistance structurelle, ils ne peuvent servir qu'à des ouvrages à vocation décorative, ou pour faire passer de la lumière dans une pièce aveugle, comme une salle de bains par exemple. Les pavés de verre sont disponibles dans une grande variété de formes, dimensions et couleurs, ce qui permet de réaliser des compositions décoratives et même des cloisons incurvées.

outillage

niveau à bulles

crayon

cordeau

marteau

perceuse portative

truelle à bout rond

éponge

1 Sur les murs contre lesquels la cloison doit s'appuyer, tracez d'un niveau une ligne verticale depuis le sol jusqu'au niveau où la partie en pavés de verre doit monter. Comme pour la construction d'une cloison en parpaings (voir pages 58–59), tendez un cordeau d'alignement juste au-dessous du niveau supérieur de la première rangée de pavés, en vous guidant sur deux éléments calés contre chaque mur. Fixez solidement chaque extrémité du cordeau pour qu'il ne se détende pas pendant le travail.

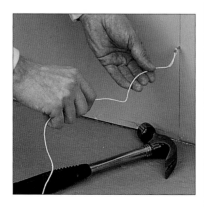

2 Pour assurer à l'ouvrage une rigidité suffisante, il faut y intégrer une ossature métallique, composée de tiges incorporées

dans les joints toutes les quatre ou cinq rangées de pavés (selon les dimensions de ceux-ci). Pour repérer la position du renfort inférieur, posez un pavé à sec (sur ses entretoises, mais sans mortier) contre la base du mur d'appui. Placez une tige au milieu du chant supérieur du pavé et marquez l'emplacement où elle vient buter sur le mur.

3 Retirez la tige, le pavé et ses entretoises, et percez le mur à l'emplacement marqué. Relevez la hauteur de quatre ou cinq rangées de pavés avec leurs entretoises et reportez cette dimension sur le mur pour marquer les endroits où les autres tiges seront insérées.

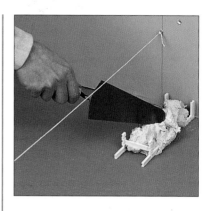

4 Gâchez un peu de mortier (avec du ciment blanc qui donne un fini plus esthétique). Disposez les entretoises et placez le premier pavé avec précision. Retirez le pavé et déposez une couche de mortier de 3 à 4 cm d'épaisseur entre les entretoises.

5 Garnissez le chant latéral du pavé d'une couche de mortier épaisse de 3 à 4 cm, en veillant à ne pas enduire les faces ; si du mortier vient à s'y déposer, ôtez-le sans attendre avec une éponge humide.

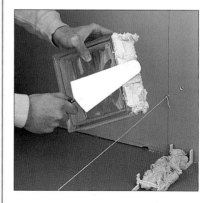

6 Positionnez le pavé sur les entretoises en plaquant son chant garni de ciment contre le mur et en le pressant pour qu'il colle sur les entretoises et fasse refluer le mortier sur le sol. Vérifiez le calage horizontal et vertical du pavé avec le niveau à bulles et rectifiez si nécessaire.

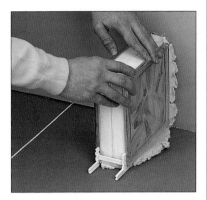

7 En disposant les entretoises et le mortier au fur et à mesure, hourdez la rangée de pavés. Vérifiez régulièrement la verticalité, l'horizontalité et l'alignement de l'assemblage le long du cordeau. Insérez l'extrémité de la tige de renfort dans le mur et posez-la sur la rangée.

8 Quand le mur est complètement assemblé, retirez les entretoises en les arrachant du mortier.

9 Éliminez les bavures de ciment et laissez sécher le mortier avant de terminer les joints avec du mortier frais. Dans le cas d'une cloison de salle de bains, garnissez les joints du parement exposé aux projections d'eau avec un mastic d'étanchéité au silicone. Nettoyez ensuite soigneusement les deux faces de la cloison vitrée avec une éponge

humide fréquemment rincée. Attendez le séchage complet des joints avant d'appliquer un détergent ménager.

montage sur parquet

Sur un sol en parquet, clouez un rail d'embase constitué d'un tasseau en bois traité, de même largeur que les pavées et assez épais pour résister au poids de la cloison. Posez la première rangée sans entretoises.

entretoises

Les pavés sont normalement livrés avec un sac de croisillons en matière plastique dont l'épaisseur correspond à l'espacement entre pavés. Il suffit de casser une ou deux branches de la croix pour former des entretoises en "T" ou en "L" selon leur emplacement.

Une cloison en pavés de verre apporte une touche d'originalité dans un intérieur et fait pénétrer la lumière dans les recoins mal éclairés.

poser une fausse cheminée ⚹⚹

Jusqu'à l'avènement du chauffage central, les cheminées participaient au décor des pièces où elles constituaient le seul moyen de chauffage. Depuis, nombre d'entre elles ont été obturées, voire démolies. Alors que l'on redécouvre les avantages du chauffage au bois, on apprécie à nouveau l'aspect décoratif d'une belle cheminée. Si la réalisation d'une cheminée complète demeure un ouvrage assez complexe, tout amateur peut aisément mettre en place un manteau en trompe-l'œil.

pose d'un encadrement

Le marbre, qui reste le matériau le plus noble pour l'habillage d'une cheminée, est également fragile et relativement lourd. Il est donc conseillé de vous faire aider pour manipuler et mettre en place les plaques de marbre, et prévoir un moyen d'étayer l'ouvrage tandis que le mortier sèche. Un encadrement en ébénisterie s'harmonise mieux avec le marbre qu'un décor en panneaux de particules peints.

outillage

mètre ruban

crayon

truelle à bout rond

éponge

niveau à bulles

truelle langue-de-chat

tournevis

pistolet applicateur

1 Tracez la médiane verticale sur le mur qui va supporter la cheminée fictive.

2 En partant de cette référence, tracez au sol le périmètre du foyer. À l'intérieur de ce tracé – en respectant un retrait de 2 à 3 cm – déposez une série de plots de mortier assez épais, à la truelle. Espacez-les régulièrement. Il faut que la distance entre les plots soit à peu près égale à leur largeur.

3 Présentez la plaque du foyer et centrez-la par rapport à la médiane de référence avant de la presser sur les plots de mortier d'un mouvement régulier exercé des deux mains. Éliminez le mortier qui déborde éventuellement et nettoyez les bavures avec une éponge humide.

4 Assurez-vous que la plaque est parfaitement horizontale en posant le niveau sur ses diagonales et rectifiez si nécessaire avant la prise du mortier.

5 Appliquez des plots de mortier sur le mur pour fixer l'ébrasement, en veillant à bien le centrer par rapport à la médiane de référence. Vérifiez sa verticalité, mais ne le pressez pas encore en place.

6 Présentez avec précaution l'encadrement sur l'ébrasement et vérifiez son centrage avant de le mettre en place en pressant par la même occasion l'ébrasement sur ses plots de mortier.

7 Retirez l'encadrement et protégez le marbre avec une feuille de plastique ou de vieux journaux. Comblez le pourtour de l'ébrasement avec du mortier, appliqué à la truelle langue-de-chat. Si du mortier tombe sur le marbre, éliminez-le immédiatement avec une éponge humide.

8 Replacez l'encadrement et centrez-le. Fixez-le dans le mur au moyen de pattes à glace, placées sous le manteau et au ras des jambages pour les masquer le mieux possible. Percez le mur, insérez des chevilles et vissez les pattes à glace.

9 Pour terminer, fixez l'encadrement d'âtre en laiton sur l'ébrasement au moyen de mastic au silicone. Assurez-vous qu'il se plaque bien sur le marbre et éliminez sans attendre toute bavure de mastic au moyen d'un chiffon sec et propre.

CHOIX DU MORTIER

Le ciment blanc met bien en valeur les qualités esthétiques d'un encadrement en marbre. Comme il ne s'agit que d'un trompe-l'œil, vous pouvez également assembler manteau et jambages avec du plâtre de construction, sauf si les éléments sont en marbre très teinté, ou à l'inverse translucide, car le plâtre peut migrer dans sa surface. Dans ce cas, mieux vaut employer un mortier teinté assorti à la nuance générale de l'encadrement. Dans tous les cas, méfiez-vous des colles prévues pour la pose de carrelages, qui risquent de tacher le marbre.

Peignez l'emplacement de l'âtre en noir mat pour compléter l'illusion d'un véritable foyer et parfaire l'effet esthétique de cette cheminée factice, qui présente l'intérêt de ne jamais être salie par la fumée et les cendres.

modification de la structure d'un plafond

Trop souvent, quand on procède
à la rénovation de la décoration
d'une pièce, on néglige le plafond
parce qu'on pense que son aspect peut
s'accorder au nouveau décor, moyennant
un simple coup de peinture. Pourtant,
le résultat final est toujours plus équilibré
quand le plafond est traité comme
un élément intégral de l'harmonie
d'une pièce. Vu sous cet angle, le chantier
de rénovation peut venir modifier de façon
plus ou moins importante la hauteur,
l'insonorisation, voire la structure
même du plafond. Nous passons
ici en revue ces différentes modifications,
en même temps que quelques idées
de décoration.

La diversité des techniques
de réalisation d'un faux plafond,
permet une alternative originale
au plafond traditionnel.

abaisser un plafond – 1 ⫻

On s'est préoccupé de diminuer la hauteur sous plafond des vieilles demeures lorsque l'inflation du prix des énergies incita à réduire les volumes à chauffer. Améliorer l'insonorisation constitue aussi une bonne raison pour abaisser le plafond en posant un plafond suspendu absorbant. Mais un tel chantier peut fort bien n'être motivé que par de simples considérations esthétiques. Dans tous les cas, il faut d'abord construire un cadre qui supportera des plaques, des dalles ou du lambris.

construire le cadre

Avant de décider du type et de la structure du cadre qui portera le nouveau plafond, considérez d'abord la nature du plafond, mais aussi celle des murs, dans la mesure où ce sont eux qui porteront le cadre. Les fixations à expansion conçues pour les murs en maçonnerie conviennent très bien. Il n'en va pas de même si le plafond doit être porté par des cloisons creuses. Vous devez alors rechercher l'emplacement de l'ossature de cette cloison pour déterminer les points de fixation du cadre, au moyen de tire-fond. Il est également recommandé d'ajouter des suspentes reliant le plafond d'origine avec les solives du faux plafond, mais n'utilisez pas de fixations prises dans des plaques de plâtre.

procéder avec précision

La qualité de l'ouvrage fini dépend beaucoup de la rigueur géométrique du cadre. Si l'espacement régulier des lambourdes n'est pas vraiment critique, l'alignement parfait de leur chant inférieur – sur lesquels les plaques doivent reposer entièrement – est en revanche déterminant ; le moindre vrillage ou décalage d'une lambourde créera une ondulation inesthétique du plafond. Prenez donc le temps d'établir un plan de réalisation du cadre et procédez à des contrôles fréquents pendant le montage.

solives espacées de 60 cm

Les sabots sont vissés sur un cadre périphérique.

sabots de fixation des solives

Les solives sont parallèles au plus petit côté de la pièce.

outillage

mètre ruban

crayon et cordeau à tracer

niveau à bulles

scie à panneaux

perceuse–visseuse

marteau

1 À la hauteur choisie pour le nouveau plafond, tracez tout autour de la pièce une ligne au moyen d'un niveau à bulles et d'un crayon de charpentier ou d'un cordeau à tracer. Partez d'un repère porté dans un angle depuis le sol, mais surtout ne vous basez jamais sur des distances mesurées à partir du plafond existant, dont la planéité (voire aussi l'horizontalité) est très souvent sujette à caution dans les constructions anciennes.

conseil d'expert

Dans les constructions modernes, les plafonds sont généralement situés à 2,4 m. Aussi les fabricants de plaques de construction prennent cette dimension en référence. Elle constitue une base pratique pour déterminer l'emplacement d'un faux plafond. Les commerces spécialisés proposent des systèmes de profilés métalliques qui s'assemblent au moyen de connecteurs. Cette structure est portée par des suspentes vissées dans le plafond d'origine. Nous décrivons ici un cadre en charpente réalisée avec des chevrons de 10 x 5 cm. Traitez-les avec un produit insecticide et fongicide.

2 Fixez d'abord les chevrons sur les quatre murs. Percez-les au préalable pour le passage des tire-fond ; un espacement d'environ 40 cm suffit pour assurer une bonne fixation dans un mur en maçonnerie. Présentez les chevrons, en veillant à bien les aligner sur le tracé et reportez l'emplacement des fixations. Percez le mur à ces emplacements, d'un trou au diamètre des chevilles d'ancrage, insérez-les puis vissez le chevron en place.

3 Les solives doivent toujours être parallèles aux plus petits côtés de la pièce. Tracez leur emplacement sur les chevrons d'appui des deux grands côtés, tous les 60 cm, en partant du milieu. Si le dernier pas ne dépasse par 80 cm, inutile de prévoir une solive de plus.

4 Clouez ou vissez – partiellement pour l'instant – un sabot de fixation centré sur chacun des repères tracés sur les chevrons.

5 Coupez chaque solive à la longueur exacte relevée à son emplacement (pour ne pas subir l'effet du faux équerrage de la pièce). Insérez les extrémités de la solive dans les sabots et appointez-la avec une pointe piquée en biais à chaque extrémité de son chant supérieur. Vérifiez son alignement avant de fixer définitivement les sabots.

6 Si les solives ont plus de 2 m de long, renforcez le cadre avec des traverses constituées de chevrons cloués en bout (et éventuellement aussi collés) entre les solives et espacés d'environ 1 m.

faux plafond partiel

On ne peut pas abaisser entièrement le plafond quand les fenêtres montent jusqu'en haut, à moins de changer les huisseries (ce qui engage un important chantier nécessitant une autorisation de travaux). En général, on se contente de construire des faux plafonds partiels de part et d'autre des fenêtres, avec une structure légèrement différente.

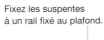
Fixez les suspentes à un rail fixé au plafond.

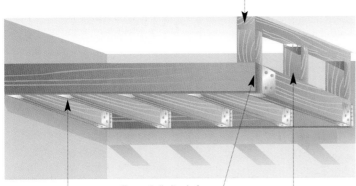

Les positions des solives et de leurs sabots de fixation restent inchangées.

Tracez la limite du faux plafond sur le mur et placez-y une suspente servant aussi de montant.

Placez des suspentes entre le rail et les solives.

abaisser un plafond – 2 ⚒

Vous pouvez fermer le cadre du nouveau plafond avec des lambris (en frisette ou en lames de PVC) ou avec des plaques de plâtre, mais il est judicieux de garnir le faux plafond d'isolant – phonique et/ou thermique – posé entre les solives. Au préalable, prévoyez de passer les circuits alimentant les appareils électriques (éclairage, ventilateur, climatiseur) intégrés ou suspendus au nouveau plafond et profitez-en pour mettre l'installation au nouveau standard si nécessaire.

PLAQUES DE PLÂTRE

Utilisez des plaques à peindre, à bords amincis, proposées en largeur standard de 120 cm et en longueurs de 200 à 360 cm. Leur poids au mètre carré va de 8 kg en épaisseur de 10 mm à 10,5 kg en 13 mm et 12,1 kg en 15 mm d'épaisseur. À défaut d'avoir de l'assistance pour les soulever jusqu'au plafond, vous pouvez louer un lève-plaques.

lambris ou plaques

La technique de pose d'un lambris au plafond ne diffère pas de celle d'un lambris mural. En disposant la frisette selon un dessin harmonisé avec celui du parquet, vous pouvez obtenir un décor du plus bel effet. Posez les lames au moyen de fixettes, clouées ou agrafées. En revanche, les lames des lambris en PVC s'assemblent par emboîtement et se collent ou s'agrafent sous les solives.

outillage

marteau
tournevis (si nécessaire)
scie à panneaux
gants de travail

1 Dans un angle, calez l'extrémité d'une plaque contre le petit côté et retaillez le grand côté si nécessaire pour le conformer au profil du mur avant de la fixer sous les solives.

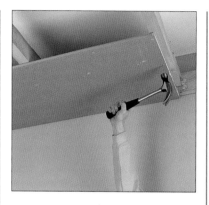

2 Continuez dans le sens de la largeur jusqu'à l'autre grand côté, en veillant à ce que l'extrémité des plaques tombe au milieu d'une solive. Fixez les plaques au moyen de pointes ou de vis spéciales. Posez la rangée suivante en alternant les joints.

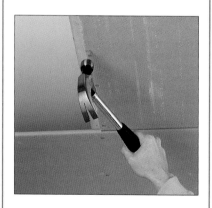

insonoriser

Profitez de ce chantier pour poser un matériau qui améliore le confort acoustique et réduit les fuites de chaleur. Divers types d'isolant peuvent être employés, les plus pratiques étant conditionnés en bandes ou en plaques. Certains produits doivent être positionnés dans un sens précis,

indiqué sur les faces. Pensez à implanter les canalisations électriques circulant dans le vide du sous-plafond (voir page suivante).

1 Si le vide est assez haut, il est plus facile d'étaler des bandes d'isolant perpendiculairement sur les solives, en veillant à ce qu'elles soient bien jointives. Sinon, insérez des plaques de 60 cm de large entre les solives et maintenez-les plaquées sous l'ancien plafond par quelques pointes piquées en biais.

2 Fixez le lambris ou les plaques de plâtre comme expliqué précédemment. La meilleure isolation phonique est obtenue

avec des plaques de 15 cm d'épaisseur et les plus larges possibles, de manière à réduire le nombre de joints qui forment autant de ponts acoustiques.

circuits électriques

Quand le plafond d'origine comporte des appareils d'éclairage, vous devez les déposer avant même de commencer la pose du faux plafond. Vous déciderez alors, soit de les remettre sous le nouveau plafond, soit de les implanter ailleurs ; par exemple, vous pouvez remplacer l'éclairage au plafond par des appliques murales.

outillage

tournevis (panoplie d'électricien)
perceuse
marteau
crayon
mètre ruban

1 Déposez l'appareil d'éclairage puis déconnectez les fils alimentant la douille et déposez-la.

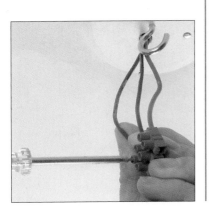

2 Déconnectez les fils sur le bornier de raccordement. Récupérez l'embase et la rosace si vous voulez les replacer sous le nouveau plafond (et si elles sont en bon état).

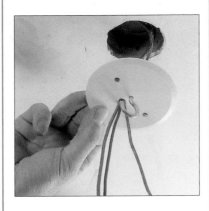

3 Si le circuit d'alimentation est hors normes, déposez-le et passez un circuit neuf dans des gaines annelées grises (jamais dans les canalisations de l'ancien) avec raccordements sous boîtiers.

4 Si le circuit d'origine peut être conservé, raccordez l'alimentation du nouveau plafonnier à l'intérieur d'un boîtier avec bornier.

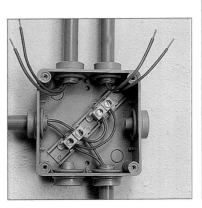

5 Au ras d'une solive, percez la plaque pour faire passer les conducteurs d'alimentation. Vissez l'embase de l'applique ou la rosace de la suspension à travers la plaque, dans la solive. Câblez les fils sur un dé de raccordement (domino).

6 Les spots encastrés dans le faux plafond sont portés par un étrier muni de pattes élastiques qui s'ouvrent au-dessus des plaques. Percez les plaques au diamètre spécifié par le fabricant des appareils. Câblez les conducteurs unicolores sur les plots de la douille et le fil vert-jaune sur la vis de mise à la masse de l'étrier. Enfilez l'étrier dans le trou jusqu'à ce que les pattes élastiques soient encliquetées.

monter un plafond suspendu ///

Très largement utilisés dans les commerces, les bureaux et les bâtiments publics, les plafonds suspendus font régulièrement de nombreux adeptes pour l'aménagement des pièces d'habitation. Les systèmes d'installation modulaires proposés dans les commerces spécialisés permettent à un amateur de réaliser plus facilement un faux plafond offrant d'excellentes propriétés acoustiques, avec un bon fini esthétique.

Avec un système de pose modulaire, la construction d'un plafond suspendu est un chantier assez simple, sous réserve d'une bonne planification. En particulier, il faut déterminer avec précision, sur un plan à l'échelle, la répartition uniforme des dalles recoupées (voir encadré ci-dessous).

1 Tracez sur les murs le niveau prévu pour le nouveau plafond. Fixez à ce niveau les ferrures du cadre périphérique, vissées tous les 40 cm environ, avec des chevilles d'ancrage dans un mur maçonné et des tire-fond pris dans les chevrons d'ossature d'une cloison à double paroi.

2 Tracez la position des suspentes (déterminé sur le plan à l'échelle) et vissez à ces emplacements les ferrures d'accrochage des suspentes.

3 Si les suspentes sont rigides, équipez toutes les ferrures et réglez ensuite chaque suspente lors de la pose de la fourrure qu'elle porte. Si vous utilisez du fil à suspente, coupez pour chaque suspente une longueur de 2 à 3 m de fil. Prenez une extrémité dans un étau et serrez l'autre extrémité dans le mandrin d'une perceuse (de préférence à variateur électronique). Faites tourner doucement la perceuse jusqu'à ce que le fil soit bien rigide, sans aucun mou.

outillage

mètre ruban
niveau à bulles
perceuse–visseuse
scie à métaux
pince coupante
pince universelle
scie à panneaux

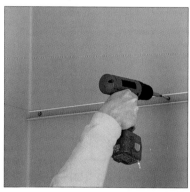

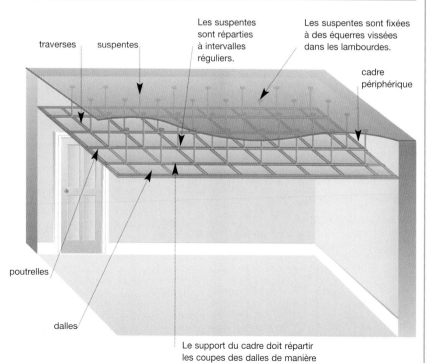

traverses · suspentes

Les suspentes sont réparties à intervalles réguliers.

Les suspentes sont fixées à des équerres vissées dans les lambourdes.

cadre périphérique

poutrelles

dalles

Le support du cadre doit répartir les coupes des dalles de manière uniforme sur tout le pourtour du plafond.

4 Coupez les fils en laissant environ 10 cm de plus que la longueur nécessaire, ce qui correspond à la hauteur entre l'ancien plafond et les fourrures du nouveau.

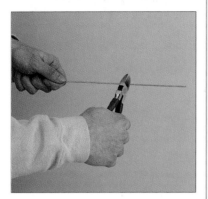

5 Passez une extrémité d'un fil dans l'œil de la ferrure d'accrochage, rabattez-la sur 8 à 10 cm et torsadez-la soigneusement au moyen de la pince universelle.

6 Placez une fourrure sur le cadre périphérique et passez ses suspentes dans les trous correspondants. Repliez les fils, tendez-les et torsadez-les en place.

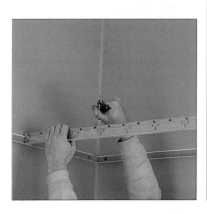

7 Fixez les traverses entre les fourrures principales, à intervalles réguliers correspondant exactement aux dimensions des dalles qu'elles doivent porter.

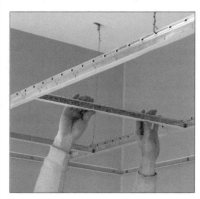

8 Enfin, insérez chaque dalle par-dessus l'ossature. Posez d'abord les dalles entières, puis les dalles recoupées, qui viennent fermer les rangées situées aux lisières du plafond. Coupez-les avec une scie à panneaux et posez-les avec leur plus grand côté coupé contre le mur.

Posez la dernière dalle dans un angle. Coupez-la aux dimensions exactes et, pour la manipuler facilement, équipez-la de deux vis à bois que vous retirerez quand elle sera en place.

conseil d'expert

Coupez chacune des traverses à la longueur exacte correspondant à son emplacement, pour éliminer les problèmes créés par le faux équerrage et la sinuosité des murs.

La constitution de l'ossature et les matériaux employés permettent de faire d'un plafond suspendu un élément original du décor d'une pièce.

insonoriser un plafond ⚒⚒

Quand la hauteur sous plafond n'est pas suffisante pour le doubler d'un faux plafond (voir page 70), son insonorisation doit faire appel à d'autres techniques. Selon la structure du plafond et la constitution du plancher qui le recouvre, vous pouvez choisir d'intervenir par-dessous ou par-dessus. Certaines techniques ne conviennent qu'à l'une de ces façons d'opérer.

isoler en sous-face

Pour isoler un plafond par-dessous, sans pour autant réduire la hauteur de la pièce, vous devez d'abord retirer son revêtement de plaques de plâtre. Arrachez d'abord une plaque d'un côté, à la pince à décoffrer, puis déposez le reste du revêtement.

outillage

marteau

pince à décoffrer

perceuse

gants de travail

1 Quand la structure de l'ancien plafond est mise à nu, inspectez-la pour localiser d'éventuelles tuyauteries et/ou canalisations électriques. Assurez-vous également que les solives sont bien saines – sans trace de pourriture ni d'attaque d'insectes – et arrachez les clous qui dépassent.

2 En partant d'un côté, fixez sous les solives les traverses isolantes du système de doublage. Vissez-les avec des tire-fond en prenant soin d'interposer des rondelles de feutre qui éliminent la transmission des vibrations.

3 Portez des gants de travail et un masque anti-poussière pour manipuler les matériaux isolants. Glissez sur ces traverses les plaques de l'isolant (généralement de 120 x 60 x 10 cm) entre les solives. Couvrez ainsi toute la surface en veillant à ne laisser aucun interstice entre les plaques d'isolant.

4 Recouvrez le plafond de plaques de plâtre à bords vifs, de 15 mm d'épaisseur, au moyen de vis spéciales prises (tous les 15 cm environ) dans les traverses et non pas dans les solives de la structure d'origine. Réglez le limiteur de couple de la visseuse de manière à ce que les têtes des vis ne pénètrent pas dans l'épaisseur des plaques de plâtre.

5 Recouvrez cette couche avec une deuxième rangée de plaques de plâtre de 10 mm d'épaisseur à bords amincis. Posez-les orthogonalement aux premières, avec des vis plus longues pour les fixer toujours dans les traverses, à travers l'épaisseur de la première couche. Enduisez les joints et finissez la surface du plafond.

👍 conseil d'expert

Pour obtenir le meilleur résultat, insérez un joint élastique entre la périphérie du plafond et les murs (voir pages 92-93).

travailler par-dessus

Chaque fois que c'est possible, l'isolation acoustique d'un plafond par le dessus est recommandée car elle est plus pratique, même si l'opération implique de déposer le plancher (ce qui reste un travail moins fastidieux que la dépose du plafond). Il suffit ensuite de répartir soigneusement le matériau isolant dans les espaces entre les lambourdes. Cette méthode permet d'utiliser aussi bien un matériau en vrac qu'en plaque découpée à la bonne largeur.

outillage

ciseau de briqueteur

scie à panneaux

marteau

perceuse–visseuse

masque anti-poussière

gants de travail

1 Retirez le revêtement de sol, puis déposez les lames ou les plaques du plancher avec le ciseau de briqueteur. Travaillez avec précaution pour ne pas endommager les éléments qui seront replacés après la pose de l'isolant.

2 Coupez des tasseaux de 50 x 25 mm et fixez-les contre le flanc des lambourdes, leur base reposant sur les plaques du plafond qui ferment le dessous de la structure.

3 Clouez sur ces tasseaux des bandes de contreplaqué de 10 ou 15 mm d'épaisseur (selon la densité du matériau isolant choisi).

4 Recouvrez les bandes de contreplaqué avec des bandes de plastique (pare-vapeur) dont les bords remontent sur les flancs des lambourdes. Clouez les lisières de ces bandes sur les lambourdes.

5 Versez tout doucement du sable de rivière sur une épaisseur d'environ 5 cm. Ce sable doit être propre et séché au four. Égalisez la surface en raclant avec un tasseau

coupé juste à la largeur entre lambourdes. Il faut maintenir une épaisseur constante et surtout ne pas déchirer le pare-vapeur.

6 Recouvrez le sable de bandes d'isolant (couramment de 120 x 60 x 10 cm). Pour recouper ce matériau, utilisez une scie à panneaux en portant un masque anti-poussière et des gants. Remettez ensuite en place les lames de parquet ou les plaques du plancher. Vous pouvez compléter l'insonorisation en posant une barrière acoustique entre le plancher et le revêtement de sol.

conseil sécurité

Calculez avec précision le poids du matériau isolant que vous envisagez de faire porter au plafond et assurez-vous que celui-ci ne risque pas de fléchir, voire de se rompre, au besoin en prenant conseil auprès d'un architecte. Veillez également à ce qu'aucune tuyauterie ne risque de laisser fuir de l'eau qui imbiberait l'isolant, ce qui l'alourdirait et réduirait son efficacité.

isoler le plancher des combles ↗

L'une des plus importantes pertes de chaleur d'une maison se situe au niveau du plafond situé sous les combles. Cette isolation est à la portée de tout bricoleur, et peut permettre une économie de chauffage substantielle.

bandes de laine minérale

La laine minérale en rouleaux est le principal produit employé pour isoler les combles, car ce conditionnement simplifie la manipulation de l'isolant le plus efficace dans cette partie du logement et permet d'effectuer le travail rapidement, avec un minimum d'outillage ; surtout si vous réduisez les découpes en choisissant des rouleaux dont la largeur est égale (ou légèrement supérieure) à l'écartement entre les solives.

outillage

gants de travail

masque anti-poussière

1 Déroulez la laine minérale entre les solives, en veillant à ne pas la comprimer ni l'étirer, ce qui compromettrait son efficacité. Pour couper le lé, entamez les bords avec de gros ciseaux et déchirez doucement la bande.

2 Pour accroître l'isolation, posez une seconde couche de laine minérale perpendiculairement aux solives. Pour conserver l'accès aux combles, calez des tasseaux sur les solives et posez des planches ou des panneaux de particules par-dessus.

matériau nodulé

La laine minérale est également conditionnée en nodules. Le maniement de ce produit est un peu plus fastidieux, sauf dans les combles aux formes tourmentées, pleins de recoins inégaux et dont les solives n'ont pas un écartement uniforme. Vous pouvez d'ailleurs mettre de l'isolant nodulé entre les solives et recouvrir le tout d'isolant en bandes.

conseil sécurité

La manipulation de la laine minérale non revêtue crée des poussières dangereuses pour le système respiratoire. Elles peuvent également provoquer des réactions cutanées.

conseil d'expert

Quand vous isolez les combles, veillez à n'obturer aucun des orifices qui assurent la ventilation sous toiture. La suppression de la ventilation favorise l'accumulation de condensation, propice au pourrissement des charpentes et à la prolifération des colonies de termites.

1 Partez d'un côté et, en reculant sur les solives, déversez le matériau en le répartissant à la main.

2 Égalisez la couche avec un bout de planche ou de tasseau passé en raclant sur les solives, mais ne tassez pas le matériau en le pressant.

conseil d'expert

Ne recouvrez pas d'isolant thermique les circuits électriques sous câbles multiconducteurs, mais déplacez-les ou, mieux encore, refaites-les en les passant sous tube en PVC gris (qualité incombustible).

3 Avant de recouvrir des tuyaux
courant sur le plancher des
combles, entre les solives, recouvrez-
les avec des gouttières confectionnées
dans du carton d'emballage.

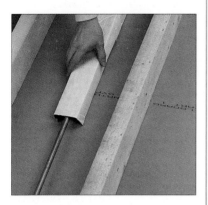

isolants en granulés

Certains produits conditionnés
sous forme de granulés assurent
une isolation élevée avec une épaisseur
d'une dizaine de centimètres.
Leur mise en œuvre reste très simple.

outillage

marteau

gants de travail

masque anti-poussière

1 Après avoir colmaté les interstices
du plancher des combles,
épandez le produit – vermiculite
exfoliée, granulés de polystyrène
ou de liège – et égalisez la couche
en la raclant avec une planchette.

2 Saupoudrez d'un peu de plâtre
pour stabiliser la couche, mais ne
la recouvrez pas d'une feuille étanche.

3 Vous pouvez renforcer l'isolation
avec une couche de flocons
de laine minérale égalisée au râteau.

ISOLER LES TUYAUTERIES

Les tuyauteries d'eau
qui cheminent entre les solives
se trouvent englobées dans la couche
d'isolant. En revanche, celles fixées
sur les solives doivent être recouvertes
d'une gaine isolante.

Taillez les gaines avec de gros ciseaux
et assemblez les pièces bout à bout.

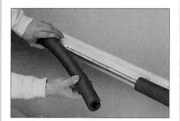

Au niveau des raccords en T,
effectuez un assemblage à onglet
en coupant les gaines au moyen
d'un gros cutter. Veillez à ne laisser
aucun interstice au niveau du raccord.

isoler une partie des combles

Vous pouvez profiter du chantier d'isolation des combles pour
en aménager une partie avec des cloisons à haute isolation. Il est alors
inutile d'isoler la toiture dans la partie non aménagée. En revanche,
il faut impérativement isoler le plancher des combles sur toute leur surface.

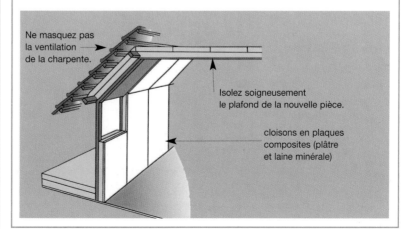

Ne masquez pas
la ventilation
de la charpente.

Isolez soigneusement
le plafond de la nouvelle pièce.

cloisons en plaques
composites (plâtre
et laine minérale)

ouvrir un accès aux combles ↗↗↗

Les combles offrent un volume de rangement souvent peu ou très mal utilisé, parce qu'on ne peut pas y accéder de façon pratique depuis l'intérieur de la maison. L'aménagement d'un accès rend à cet espace tout son intérêt et facilite en outre l'examen périodique de l'état des charpentes et de la toiture.

découper l'ouverture

outillage

mètre ruban
crayon de charpentier
niveau à bulles
scie à guichet
scie à panneaux
perceuse–visseuse
marteau

Déterminez la zone la plus pratique pour accéder au grenier, en fonction du moyen d'accès prévu : si le bout d'un couloir ou un angle dans une pièce suffit pour appliquer une échelle sur la trappe d'accès, il faut plus d'espace pour une échelle de meunier. Examinez la constitution du plancher des combles pour déterminer le périmètre de l'ouverture, de manière à ne pas avoir à découper de poutre, ou en tout cas pas plus d'une. Dans les charpentes industrielles modernes, dont les entraits ne peuvent guère supporter de charge, il faut ajouter des poutres entre les fermes d'origine, ce qui impose de bien évaluer la résistance des murs sur la crête desquels elles s'appuieront et de poser deux poutres d'appui si nécessaire.

1 Sondez le plafond en le frappant avec le manche d'un marteau pour repérer l'emplacement des poutres. Tracez le périmètre de l'ouverture, avec deux côtés entre deux poutres parallèles. Découpez l'ouverture avec

une scie à guichet, après avoir percé un trou de départ dans l'un des angles.

2 Fixez entre les poutres bordant la découpe deux chevrons de même section qu'elles, cloués en biais à leurs extrémités. Si vous

avez scié une poutre intermédiaire, vissez les chevrons sur les extrémités sciées. Veillez à respecter l'équerrage de la découpe et l'alignement du plafond.

3 Découpez les côtés de la trappe d'accès dans des planches de largeur égale à l'épaisseur du plafond. Clouez-les sur les poutres et les chevrons qui bordent l'ouverture, leur chant inférieur au ras du plafond.

Vous pouvez orner cet encadrement avec une architrave constituée d'une moulure coupée en onglets.

monter une échelle de meunier

outillage

mètre et crayon
niveau à bulles
scie égoïne ou scie électrique
équerre et règle métallique
perceuse–visseuse
marteau

L'échelle de meunier constitue une bonne solution pour un accès fixe vers un grenier, grâce à son reculement (encombrement au sol) minimum. Un bricoleur peut aisément réaliser cet escalier rudimentaire avec des planches de 27 x 230 mm de section.

1 Sur une surface plane, tracez le triangle rectangle ayant

pour côtés la hauteur et le reculement (profil de l'échelle) et divisez la hauteur par un nombre entier de marches pour avoir un pas compris entre 14 et 18 cm, avec une profondeur de marche (giron) d'au moins 20 cm.

2 Accolez le long de la diagonale du triangle une planche destinée à constituer l'une des crémaillères. Reportez-y le profil du plan d'appui de chaque marche, avec une règle et une équerre, à partir du tracé directeur.

3 Sur chacun de ces traits, reportez la longueur du giron pour marquer l'emplacement du fond des marches. Veillez à ce que l'épaisseur de bois restant entre ce fond et le chant arrière de la crémaillère ne soit pas inférieure à 2,5 fois l'épaisseur de la planche.

4 Reliez la marque de fond de chaque marche avec le départ de la suivante. Découpez la crémaillère selon ce tracé, avec

une scie égoïne ou électrique. Posez-la sur une autre planche pour tracer et découper la seconde crémaillère.

5 Fixez la crémaillère murale au moyen de tire-fond ou de chevilles d'ancrage (selon la nature du mur). Si nécessaire, interposez des cales pour assurer la verticalité de la crémaillère.

6 Vissez un tasseau sur le plancher à la largeur des marches. Fixez le limon externe sur ce tasseau et à l'intérieur de l'ouverture. Clouez la deuxième crémaillère à l'intérieur du limon, puis fixez les marches.

échelle escamotable

Si vous ne disposez pas d'assez de place pour implanter un accès permanent, vous pouvez poser une échelle escamotable qui coulisse à l'intérieur de l'ouverture pour se ranger à plat sur le plancher du grenier.

L'échelle doit avoir un dégagement suffisant pour remonter avant de basculer.

Fixez les glissières pivotantes à l'intérieur de l'encadrement.

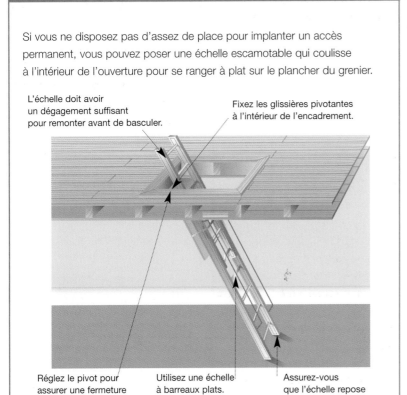

Réglez le pivot pour assurer une fermeture parfaite de la trappe.

Utilisez une échelle à barreaux plats.

Assurez-vous que l'échelle repose sur ses deux pieds.

poser des poutres apparentes ⁊⁊⁊

Un plafond à poutres apparentes offre le charme d'un plafond rustique. Vous pouvez décider d'ajouter des poutres à un plafond lisse. Cette opération constitue une solution élégante pour réduire la hauteur apparente d'une pièce, au prix d'un chantier bien plus simple que la pose d'un faux plafond (voir pages 68–71). Ce travail est à la portée de tout amateur soigneux qui sait couper et assembler avec précision des éléments de menuiserie.

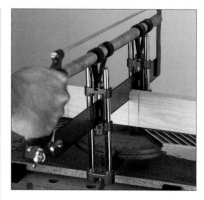

1 Repérez la hauteur de la base des poutres dans un angle de la pièce. Cette hauteur, conditionnée avant tout par celle du plafond existant, doit conserver une harmonie avec les dimensions de la pièce. Dans tous les cas, conservez un passage sous poutres d'au moins 2,15 m. Tracez à partir de ce repère la périphérie du plafond apparent, c'est-à-dire le plan de la base des poutres.

3 Taillez une cale de gabarit dans un bout de poutre et tracez la médiane de son flanc. Posez ce gabarit le long de chacun des repères de position des poutres et reportez sur les chevrons l'épaisseur de celles-ci, ainsi que la position de la médiane. Posez la règle à border ces repères médians et reliez d'un trait chaque double tracé parallèle figurant l'emplacement des poutres, pour délimiter l'encoche d'embrèvement.

5 Débouchez le fond des encoches au moyen du ciseau à bois et du maillet. Placez le tranchant successivement au ras de chaque côté de l'entaille et attaquez à environ 1 mm du fond. Terminez le travail pour réaliser un fond uniformément plat, en actionnant le ciseau à petits coups de la paume de la main. Pour finir, mouchez les arêtes des lèvres de l'encoche avec un bout de papier de verre pour éliminer les échardes.

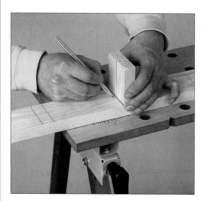

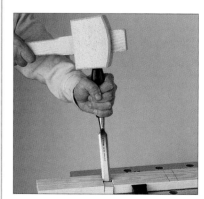

2 Coupez des chevrons de 75 x 25 mm de section à la longueur des grands côtés de la pièce. Tracez à l'équerre un repère tous les 150 mm environ (l'espace exact doit être équilibré sur la longueur).

4 Au moyen d'une scie à onglets (ou une scie à dos et une boîte à onglets), taillez les côtés de chaque encoche, avec précaution pour ne pas dépasser le trait médian qui marque le fond de l'encoche.

6 Prépercez sous chaque encoche, au milieu de la largeur restante. Présentez le chevron encoché sur le mur, sa base alignée sur le tracé et reportez l'emplacement des trous sur le mur. Placez des chevilles

robustes correspondant à la nature de la maçonnerie et vissez les chevrons en place. Fixez de la même manière deux chevrons non encochés sur les deux autres murs, pour fermer le périmètre entre les grands côtés.

7 Relevez la longueur exacte de chaque poutre, mesurée au fond des encoches des chevrons opposés, de manière à éliminer les erreurs générées par le faux équerrage de la pièce. Tracez à chacune des extrémités de la poutre une encoche à mi-hauteur de même largeur que le chevron périphérique. Sciez ces encoches en veillant à ne pas mordre sur le tracé.

8 Placez la poutre en engageant une extrémité dans l'encoche d'un chevron, puis en abaissant l'autre extrémité sur le chevron opposé.

9 Embrevez complètement la poutre à petits coups de maillet, jusqu'à ce que son chant inférieur soit bien aligné avec la base des chevrons.

👍
conseil d'expert

Quand les poutres ont plus de 3 m de portée, posez en leur milieu une traverse de 50 x 50 mm de section, embrevée dans une encoche sur chaque poutre – avec clouage en biais – et fixée dans le plafond par des étriers métalliques.

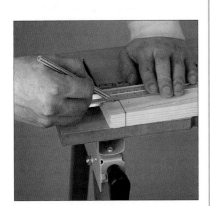

👍
conseil d'expert

Quand la pièce comporte un lustre, il suffit de l'abaisser d'environ les 2/3 de la hauteur des poutres ajoutées. En revanche, un tube fluorescent ou un globe doivent être remplacés, soit par un lustre qui conserve l'alimentation électrique, soit par des appliques, mieux assorties au nouveau décor.

Les poutres peuvent servir à accrocher des éléments décoratifs et être peintes comme le plafond, ou d'une teinte assortie.

décors muraux

Une restructuration importante
de la disposition des pièces d'un logement
ne se conçoit guère sans une nouvelle
décoration. En premier lieu, il faut donner
aux parties rénovées un état de surfaçage
qui permette l'application de revêtements
décoratifs. Nous verrons dans les pages
suivantes comment doubler et enduire
les murs, deux techniques fondamentales
pour préparer la finition d'un ouvrage neuf
ou remanié, avant de poser un revêtement
mural. Nous examinerons ensuite quelques
techniques d'application d'éléments
décoratifs pour personnaliser l'ambiance
d'une pièce, selon les goûts de chacun,
et en harmonie avec l'ameublement.

Sous une moulure ceinturant les murs,
le papier texturé se marie élégamment
avec un ameublement rustique.

masquer les joints ⚡⚡⚡

Quand on a assemblé des plaques de plâtre pour doubler un mur en maçonnerie
ou réaliser une cloison à double paroi, il faut masquer les joints apparents entre les plaques,
avant d'appliquer un revêtement décoratif. Toutefois, ce travail n'est pas nécessaire si le mur
est finalement recouvert de lambris, de panneaux ou de tissu tendu. Dans tous les autres
cas, les parois brutes en plaques de plâtre doivent être jointoyées et enduites.

jointoyer les plaques

Il existe plusieurs qualités
de plaques de plâtre, qui se distinguent
en particulier par la forme de leurs
bords, qui peuvent être droits, amincis
ou rondis. La seconde catégorie
est recommandée pour les cloisons,
tandis que les plaques à bords
ronds amincis s'utilisent plutôt
pour les plafonds. La procédure
de masquage des joints dépend
évidemment du profil de leurs bords.

outillage

chasse-clou

marteau ou tournevis

ciseaux et cutter

couteau de vitrier

éponge

couteau à enduire

masque anti-poussière

brosse à poils durs

1 Passez le bout des doigts sur
les têtes des pointes ou des vis :
elles doivent juste affleurer la surface.

Enfoncez les têtes de pointes
en saillie avec un chasse-clou, sans
les noyer (ce qui fragilise la plaque).
Si des vis dépassent, resserrez-les
avec un tournevis à amplification
de couple ou une visseuse réglée
à son couple maximum.

2 Rebouchez tous les interstices
de plus de 3 mm de large ainsi
que les petits chocs avec du mortier-
colle. Collez la bande adhésive
uniformément à cheval sur le joint,
en la pressant du bout des doigts
pour éliminer les plis et les cloques.

3 Appliquez une bande de mortier-
colle sur la bande à joints,
au moyen d'un couteau de vitrier

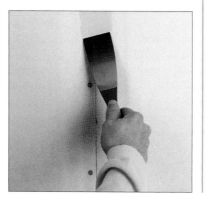

ou d'une spatule. Travaillez de haut en
bas en égalisant le produit jusqu'à faire
réapparaître la surface de la bande
de joint. Appliquez plus de mortier
aux endroits où la texture de la bande
se trouve complètement dégagée.

4 Avant qu'il ne sèche, lissez
le mortier-colle avec une éponge
humide. Rincez l'éponge aussi
fréquemment que nécessaire
pour qu'elle ne soit jamais engorgée,
mais il faut bien l'essorer à chaque
fois, afin de ne pas détremper
le joint frais.

5 Appliquez une seconde bande
de mortier-colle sur la première,
sur une largeur environ double,

avec un couteau à enduire appuyé sur la surface des deux plaques. Lissez l'enduit avec l'éponge humide.

6 Après avoir enduit les joints, masquez les têtes de pointes ou de vis encore apparentes avec du mortier-colle appliqué avec un couteau de vitrier.

7 Laissez le mortier sécher complètement avant de le poncer avec une feuille de papier abrasif enroulée sur une cale à poncer ou avec une ponceuse vibrante. Pour ne pas laisser de rayures sur les surfaces, utilisez un papier à grain fin (120 à 200).

méthode traditionnelle

Avant l'apparition des bandes adhésives, ce travail s'effectuait avec des bandes de calicot spécial. Cette technique est encore utilisée par de nombreux artisans. Déroulez le calicot sur une couche de mortier-colle en partant du haut et appliquez-le avec la paume d'une main tout en le pressant avec la lame du couteau à enduire.

finition des angles

La technique de masquage des joints dans les angles est un peu différente mais on utilise le même mortier-colle (d'un type recommandé par le fabricant des plaques de plâtre). Sauf si vous êtes très adroit et soigneux, employez plutôt une bande à joints spéciale pour les angles.

1 Brossez énergiquement le joint pour éliminer tous les débris pulvérulents. Appliquez le mortier-colle de haut en bas, alternativement d'un côté et de l'autre, en veillant à réaliser une bande uniforme sur toute la hauteur de l'angle.

2 Pressez fermement la bande à joints – toujours en allant du haut vers le bas – dans le mortier encore frais, en lissant avec le couteau pour éliminer toute plissure ou cloque. Guidez la bande au fur et à mesure en veillant à ce que son pli médian tombe juste dans l'angle. Coupez la bande au ras du plancher, avec un cutter robuste.

3 Raclez le mortier-colle en excès avec le couteau à enduire, en appuyant sur les rives de la bande de joint. Quand la première couche de mortier est bien sèche, appliquez une seconde couche sur une plus grande largeur. Laissez sécher et poncez.

angles saillants

La bande spéciale pour les angles s'emploie indifféremment sur un angle rentrant ou saillant. Vous pouvez utiliser un platoir d'angle pour obtenir une arête vive et régulière.

conseils d'expert

- Gardez à portée de main (à la ceinture, par exemple) un chiffon humide pour essuyer fréquemment la lame des couteaux, de manière à ce qu'elle reste toujours parfaitement propre.

- Le mortier-colle constitue un excellent produit de rebouchage, même pour des fissures dans la maçonnerie. Conservez-le dans un récipient parfaitement étanche.

- N'essayez pas de chauffer la pièce pour accélérer le séchage du mortier-colle : une température excessive provoque sa fissuration.

- Pour économiser le papier abrasif très fin, qui s'entartre vite, dégrossissez le ponçage avec du papier à grain fin déjà utilisé.

- Attendez le séchage complet du mortier-colle avant d'appliquer un apprêt ou un produit de sous-couche.

enduire les murs ////

L'enduit au plâtre reste une technique traditionnelle pour la finition des murs. Mais sa réussite nécessite une certaine expérience et une adresse affirmée. Toutefois, de nouveaux enduits formulés à base de plâtre ont permis de simplifier le travail en augmentant le pouvoir adhérent et le temps de séchage et en réduisant les risques de fissuration.

conseil d'expert

Pour obtenir une surface bien lisse et sans ondulations, les professionnels "tirent" la première couche d'enduit frais au moyen d'une règle en bois dur ou en métal, passée successivement suivant chaque diagonale. La seconde couche est lissée au platoir.

enduit au mortier

outillage

auge de maçon
pinceau queue-de-morue
taloche
truelle
seau
planche à mortier

Les murs maçonnés en briques, parpaings ou pierres naturelles doivent d'abord être revêtus d'un enduit au mortier avant l'application d'un enduit de finition ou d'un revêtement.

DOSAGE DES MORTIERS

La composition des enduits au mortier diffère selon leur destination.

Un enduit extérieur est toujours réalisé en au moins deux couches, mais plus souvent trois. Le gobetis est riche en ciment : 50 kg pour 90 à 100 litres de sable. Le corps d'enduit se gâche avec 120 à 130 litres de sable pour 50 kg de ciment. Pour la couche de finition, on utilise un sable très fin, à raison de 140 à 150 litres par sac de 50 kg de ciment.

À l'intérieur, si le mur doit être fini avec un enduit au plâtre, on réalise seulement deux couches : un gobetis comme pour l'extérieur, suivi d'un corps d'enduit en mortier bâtard, gâché avec 25 kg de ciment, 20 kg de chaux et 80 à 90 litres de sable fin.

1 Pour améliorer l'accrochage du gobetis, vous pouvez appliquer une résine d'accrochage au moyen d'un large pinceau queue-de-morue. Fixez sur le mur à revêtir des tasseaux verticaux de 15 à 20 mm d'épaisseur, espacés de 100 à 150 cm. Chargez le mortier sur la planche ou dans une auge. Prenez un peu de mortier sur la truelle et projetez-le sur le mur, puis pressez-le avec la truelle ou un platoir. Tirez ensuite la couche avec une règle appliquée sur les tasseaux.

2 Retirez les tasseaux et comblez leur emplacement. Lissez le gobetis, puis striez-le pour favoriser l'accrochage de la couche suivante.

enduit au plâtre

La procédure d'application d'un enduit au plâtre varie peu selon qu'il recouvre un mur maçonné et enduit au mortier ou une cloison en plaques de plâtre. Dans le premier cas, un corps d'enduit bâtard favorise l'accrochage du plâtre. Sur les plaques, l'application d'une résine d'accrochage facilite le travail et permet de se contenter d'une couche relativement peu épaisse.

outillage

perceuse électrique et agitateur
platoir
seau
brosse à peinture moyenne
grattoir

1 Commencez par masquer les joints entre les plaques, ainsi que les têtes des pointes ou des vis affleurant la surface. Ne laissez ni interstices ni différences de niveau.

2 Gâchez le plâtre, à raison de 1,5 volume de plâtre pour 1 volume d'eau. Brassez énergiquement et laissez reposer 5 minutes avant application. L'enduit doit avoir la consistance d'une crème épaisse qui se maintient sur la plaque du platoir. N'essayez jamais de le fluidifier en y ajoutant de l'eau, mais vous pouvez épaissir un mélange trop fluide en incorporant vigoureusement du plâtre versé en pluie.

3 Prenez une truellée de plâtre avec le platoir. Appliquez-la d'un mouvement continu, en montant et en pressant fermement avec la lèvre inférieure du platoir, mais veillez à ne pas plaquer l'outil sur le plâtre frais.

4 Quand vous avez couvert environ un mètre carré, égalisez la surface du plâtre frais en le tirant à la règle. Quand le mur est recouvert et que le plâtre est encore ferme mais humide, lissez la surface avec le platoir fréquemment trempé dans l'eau. Si vous constatez quelques irrégularités, vous pouvez les araser à la truelle Berthelet avant de procéder au lissage.

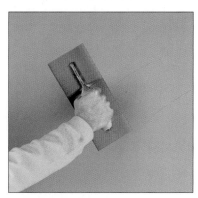

finition des recoins d'accès difficile

Il est rare que l'on puisse couvrir toute la surface d'un mur sans buter sur quelques obstacles, comme les prises ou interrupteurs électriques. Nous expliquons ici comment procéder, ainsi qu'autour des portes, fenêtres et encadrement de cheminée.

1 Pour lisser le plâtre dans un espace étroit, comme entre un interrupteur et une architrave, utilisez une brosse à peindre de taille moyenne trempée dans l'eau et égouttée.

2 Lissez l'enduit autour de l'interrupteur au moyen d'un couteau de vitrier trempé dans l'eau.

angles

La règle générale veut qu'il ne faut pas enduire deux murs adjacents le même jour. Toutefois, les professionnels, se contentent d'attendre qu'un mur soit bien sec avant d'enduire le suivant. En arrivant dans l'angle, il faut plaquer fermement le plâtre avec le tranchant de la lame du platoir pour former un angle bien net. Veillez à ce que l'angle soit aussi rectiligne. Un amateur s'en tire plus facilement avec une truelle d'angle spécialement conçue à cet effet.

ENDUIT MONOCOUCHE

Certains enduits à base de plâtre, avec additifs d'accrochage et retardateur de prise, permettent de couvrir directement un mur en maçonnerie. Leur fini plus granuleux convient à un revêtement texturé ou une peinture à effets. Appliquez le produit au platoir, en suivant les consignes de mise en œuvre du fabricant.

lambrisser les murs ↗↗

Les lambris – en bois ou en PVC – peuvent recouvrir n'importe quel type de mur sans finition particulière de la paroi, qu'elle soit plâtrée, peinte, tapissée ou simplement brute. Toutefois, l'ouvrage doit être sain et en particulier exempt d'humidité. Par ailleurs, ce revêtement permet de rattraper les irrégularités d'un mur au parement gondolé.

construire l'ossature

outillage

pince à décoffrer
crayon
mètre ruban
niveau à bulles
scie à panneaux
perceuse–visseuse
marteau

L'ossature comporte une traverse haute et une traverse basse, posées respectivement au ras du plafond et du plancher, avec des traverses intermédiaires réparties de manière uniforme tous les 45 à 50 cm. Utilisez des lattes de sapin de 40 x 27 mm de section ou des bandes de contreplaqué de 15 mm d'épaisseur si le mur est parfaitement plan.

1 Déposez les plinthes en veillant à ne pas les endommager, car vous pourrez les replacer sur le lambris.

2 En partant du sol, tracez une série de traits horizontaux à l'emplacement de la base de chaque traverse, au moyen d'un niveau et d'une règle ou d'un cordeau à tracer.

3 Coupez les tasseaux et percez-les sur leur axe médian tous les 50 cm environ. Présentez-les sur le mur, reportez l'emplacement des trous et percez le mur pour le type de chevilles adaptées à la nature du mur.

4 Placez les chevilles dans le mur, fixez le tasseau par une vis à chaque extrémité, puis posez les autres vis, sans les bloquer complètement à ce stade.

5 Avec une règle et un niveau ou un fil à plomb, vérifiez l'alignement du réseau de tasseaux dans le plan vertical. Pour rattraper les différences entre tasseaux, ainsi que pour corriger les sinuosités du mur, insérez des cales d'épaisseur appropriée derrière les tasseaux. Dans le cas de murs aux parements très inégaux (fréquents dans les constructions anciennes), vous devrez sans doute vous y prendre à plusieurs fois. Quand vous êtes assuré que le plan d'appui des lames est bien plan et vertical, bloquez toutes les vis.

poser les lames en bois

Les lames en bois ont des chants bouvetés pour s'assembler par rainure et languette. Classiquement, on les pose à la verticale, mais on obtient un effet plus personnel avec une pose diagonale ou même horizontale. Dans les deux premiers cas, partez d'un angle et progressez vers une ouverture. Pour un lambrissage horizontal, remontez depuis le sol.

outillage

mètre ruban

scie à panneaux

marteau

chasse-clou

niveau à bulles

1 Ne coupez toutes les lames de lambris d'avance que si vous lambrissez seulement le bas du mur. Calez la première lame de départ et fixez-la bien verticalement avant d'emboîter la suivante.

2 Veillez à ne laisser aucun interstice entre les lames, au besoin en frappant avec une cale martyre. Fixez chaque lame au moyen de pointes tête homme enfoncées en biais dans la joue arrière de la rainure, au niveau de chacune des traverses.

3 Noyez la tête des pointes au moyen du chasse-clou avant d'insérer la languette de la lame suivante dans la rainure.

Cette technique de clouage masqué peut être remplacée par l'utilisation de fixettes, clouées ou agrafées.

4 Si le lambris ne couvre que la partie inférieure du mur, clouez une moulure sur sa rive supérieure, ainsi qu'éventuellement une latte clouée sur la traverse et l'extrémité des lames. Posez la plinthe, soit l'ancienne, soit une neuve (voir page 96).

👍 conseil d'expert

Au niveau des éléments qui font saillie sur la face du lambris (prises et interrupteurs, notamment), présentez les lames qui doivent être recoupées juste avant de les poser, de manière à tracer le contour exact de la découpe à réaliser pour bien épouser l'obstacle, même si celui-ci est ensuite entouré d'une moulure décorative.

Un lambris posé sous la ceinture des murs, qu'il soit verni ou peint, donne à la pièce un style particulier. Il présente également l'intérêt de protéger les murs contre les chocs, par exemple dans un couloir ou une entrée.

décor en panneaux ✏✏✏

Les panneaux décoratifs permettent de revêtir un mur entièrement, tout en masquant les irrégularités de forme et les canalisations. On peut les appliquer sur une partie du mur et les combiner avec un autre revêtement. Les panneaux décoratifs sont réalisés en multiplis, lattés ou fibres agglomérées, avec parement en bois plaqué, en mélaminé ou en papier plastifié.

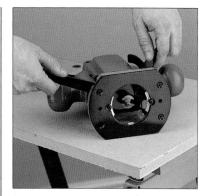

panneaux à cassettes

Vous pouvez utiliser des panneaux décorés et prêts à poser, à chants rainurés. Pour revêtir un mur sur toute sa hauteur, choisissez des panneaux de largeur modérée, plus faciles à manier, et assemblez-les verticalement. Mais si vous ne recouvrez que la partie basse des murs – en général jusqu'à une hauteur de 1 m – choisissez des panneaux de cette largeur et posez-les horizontalement. Vous pouvez aussi poser des panneaux d'aggloméré ou de contreplaqué et les décorer ensuite avec du papier, une peinture à effets ou (comme ici) des cassettes en relief.

outillage

mètre ruban
crayon
scie à panneaux
défonceuse
masque de protection
perceuse–visseuse
niveau à bulles
colle à bois
marteau

1 Déterminez les dimensions des cassettes en fonction de la surface à couvrir et de sa géométrie. Pour un soubassement de 1 m de haut, des cassettes carrées de 30 à 35 cm de côté assurent une composition harmonieuse. Reportez cette valeur sur les rives du panneau choisi pour découper les cassettes.

2 Tracez la grille des carrés de cassettes en reliant les repères portés sur les rives des panneaux au moyen d'une règle. Découpez ensuite les cassettes en sciant sur les traits avec une scie à panneaux ou une scie circulaire électroportative.

3 Équipez la défonceuse (ou la tête fraiseuse-défonceuse à monter sur une perceuse portative) avec

conseil sécurité

Portez un masque anti-poussière quand vous sciez de l'aggloméré ou des panneaux de fibres.

une lame de bouvetage. Réglez le guide latéral de la machine pour obtenir la largeur de moulure souhaitée.

4 Bloquez fermement la plaque sur l'établi au moyen de serre-joints ou d'un valet. Bouvetez un chant en plaquant bien la machine sur la plaque. Débloquez la cassette, tournez la d'un quart, rebloquez-la et bouvetez le chant suivant, et ainsi de suite pour les quatre côtés.

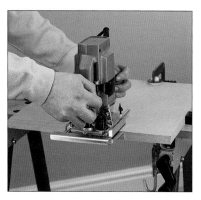

5 Fixez sur le mur une ossature en tasseaux, de la même manière que pour un lambris (voir page 88). Coupez les panneaux de revêtement

aux mesures et fixez-les sur l'ossature au moyen de vis ou de pointes tête homme, en partant de l'angle le plus éloigné de la fenêtre.

6 Tracez les positions des cassettes sur le revêtement. Un espacement de 7 à 8 cm entre les cassettes convient pour des panneaux de 1 m de haut.

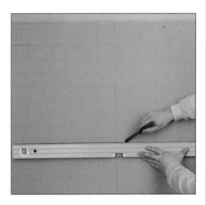

GRANDS PANNEAUX

Les revêtements en panneaux connaissant une nouvelle vogue, les fabricants proposent désormais des cassettes moulurées prêtes à poser, à parement mélaminé ou en bois de placage. Ces éléments permettent également de changer le style d'un revêtement existant.

• **Panneaux à chants rainurés** – Les panneaux à chants rainurés permettent d'assembler rapidement un revêtement de grande surface avec une garantie de planéité parfaite.

• **Panneaux pressés** – Les panneaux à reliefs pressés (comme ceux placés dans certaines portes) facilitent le travail, sous réserve que la surface à couvrir soit bien régulière.

7 Enduisez le dos de quelques cassettes de cordons de colle à bois, en évitant d'en déposer sur les rives pour qu'elle ne bave pas sur le panneau. Positionnez soigneusement la première cassette d'après le tracé, dans l'un des coins inférieurs.

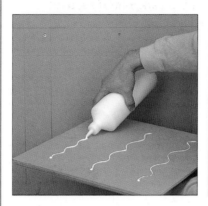

8 Ajoutez quatre pointes tête homme et chassez leur tête. Posez ainsi la rangée inférieure de cassettes, puis remontez pour couvrir toute la surface. Posez les moulures, la plinthe et appliquez la finition choisie (peinture, vernis, lasure).

Tout bricoleur habile peut créer le style cossu de ces panneaux à cassettes en relief, qui sont peints ici dans un ton pastel clair et uni. On peut également faire ressortir les cassettes en les peignant dans un ton plus soutenu, plus sombre ou plus vif.

poser des corniches //

Les corniches qui servent à habiller les angles
entre les murs et le plafond, sont réalisées par assemblage
d'éléments préfabriqués. Les éléments traditionnels en stuc
armé de fibres de coco ont été remplacés par des produits
en plâtre armé sur toile, et plus récemment par des éléments
en polystyrène expansé ou en polyuréthane sur film en PVC.

moulages en plâtre

outillage

crayon
mètre ruban
niveau à bulles
scie à panneaux
boîte à onglets
spatule ou petite truelle
marteau
chasse-clou
éponge
papier abrasif

1 Tracez en haut des murs la ligne
sur laquelle la base des corniches
doit s'aligner. En principe, elle doit
se situer à une distance du plafond
égale à la hauteur de la corniche
(à moins de placer les corniches
à une certaine distance du plafond,
pour insérer un éclairage indirect).
Si le plafond n'est pas parfaitement plan
et horizontal, rectifiez l'implantation des
corniches pour réduire au minimum les
interstices et n'avoir pas à les recouper.

2 Relevez la distance entre
les murs au niveau du plafond,
pour déterminer la longueur de chaque
corniche. Calculez le nombre d'éléments
à abouter et la longueur précise
de l'élément d'extrémité à recouper.
Coupez les extrémités dans la boîte
à onglets, dans le sens correspondant
à l'angle (rentrant ou saillant).

3 Au moyen d'une truelle
ou d'une spatule, étalez
la colle au dos d'un élément, mais
uniquement sur les parties latérales,
les seules qui s'appliqueront sur
le mur. Si vous craignez de faire tomber
de la colle sur la face visible, protégez
celle-ci avec du ruban de masquage.

4 Pressez l'élément de corniche
en place en alignant sa base
sur le tracé. La colle doit refluer
de part et d'autre sur le plafond
et le mur, garantissant ainsi une fixation
sur toute la surface de contact.

5 Plaquez une planchette juste
appointée dans le mur pour
maintenir l'élément en place pendant
la prise de l'adhésif. Si la corniche
est rainurée, vous pouvez clouer
l'élément avec trois ou quatre pointes
tête homme enfoncées au fond
des rainures supérieure et inférieure.

6 Éliminez toutes les bavures de colle avec une éponge humide avant son durcissement. Par la même occasion, comblez tout manque de colle apparaissant sur les rives de la corniche. Si vous avez cloué l'élément, enfoncez les têtes des pointes sous la surface au moyen du chasse-clou, sans les noyer de trop et risquer de fragiliser le matériau et d'y créer des amorces de fissures.

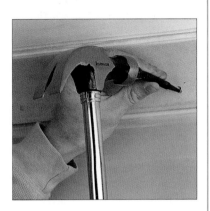

7 Mastiquez les trous des têtes des pointes avec un peu de colle appliquée avec le coin d'un couteau de vitrier, poncez après séchage.

8 Posez de la même façon l'élément suivant, en veillant à obtenir un placage parfait entre les extrémités. Dans les angles, assurez-vous que les faces d'onglet s'accolent sans interstice et rectifiez si nécessaire la coupe au papier abrasif pour obtenir un aboutement parfait. Laissez l'adhésif sécher complètement avant de poncer les reflux de colle sur la face des joints avec un papier abrasif très fin (grade 200 à 240).

👍

conseil d'expert

Si vous prévoyez de coller un revêtement texturé, tissu ou vinyle au plafond, inutile d'acheter la colle spéciale pour les corniches. Vous pouvez utiliser la même colle pour fixer le tout, ce qui simplifie les travaux et constitue une sensible économie.

raccords complexes

La qualité esthétique d'une corniche dépend beaucoup du soin avec lequel les éléments sont accordés entre eux, en particulier dans les angles. Le problème est plus délicat quand la corniche bute sur un obstacle (tuyau de chauffage central, canalisation électrique ou boîte de dérivation). Il en va de même au passage d'une partie saillante comme un conduit de cheminée ou au contraire dans l'embrasure d'une fenêtre. On trouve dans certaines gammes des blocs d'angle qui évitent les coupes d'onglet. Ils n'éliminent pas pour autant les joints. C'est pourquoi il faut présenter l'élément découpé pour vérifier son ajustement et le rectifier si nécessaire au papier abrasif avant l'encollage.

Tout en masquant la jonction entre murs et plafond (souvent inesthétiques, surtout dans les vieilles demeures), les corniches apportent un cachet particulier au décor. En général, on les peint de même couleur que le plafond.

décors moulés en plâtre ↗↗↗

La plupart des gammes d'éléments pour corniches comprennent des pièces moulées assorties pour orner les murs et le plafond. Si la finesse du décor des éléments en plâtre reste inégalée, les produits en polystyrène ou en polyuréthane leur sont de plus en plus préférés en raison de leur prix plus modique et surtout de leur légèreté qui simplifie la mise en place.

encadrement de panneaux

Les éléments moulés s'appliquent aussi bien sur les murs qu'au plafond, les moulures permettant de réaliser des panneaux muraux ou un caissonnage du plafond. Toutefois, la mise en place au plafond demande plus de précision, car la moindre dissymétrie y apparaît plus flagrante.

outillage

mètre ruban

niveau à bulles

éponge

marteau

couteau à enduire

1 Tracez sur le mur le contour du ou des motifs à réaliser. En partant d'un angle du motif, placez un élément horizontal au dos enduit d'adhésif. Éliminez immédiatement toute bavure de colle avec une éponge humide.

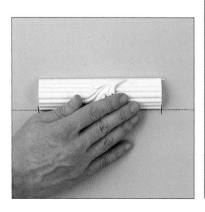

2 Calez l'élément au moyen de quelques pointes piquées sous sa base, pour le maintenir jusqu'à prise complète de la colle. Il est tout à fait déconseillé de fixer des éléments aussi fins que ceux présentés ici avec des pointes ou des vis qui peuvent provoquer des déformations et des fissures.

3 Placez ensuite les éléments arrondis, en particulier ceux des angles, en ajustant leur coupe afin qu'ils épousent le tracé sans laisser d'interstices au niveau des joints. Calez-les aussi avec des pointes.

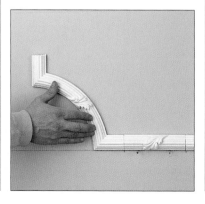

4 Collez les éléments verticaux positionnés avec un niveau. Fixez ensuite les arrondis des angles supérieurs, puis la barre supérieure. Attendez que l'adhésif soit parfaitement dur avant de retirer les pointes, de préférence avec le marteau, en faisant levier sur une cale pour ne pas blesser les éléments.

créer une niche

Une niche peut casser la monotonie d'un grand mur ou agrémenter un angle. Il est assez facile de l'implanter dans une cloison à double paroi ou un mur non porteur. Mais avec un mur porteur, il vaut mieux poser une niche préfabriquée, directement fixée sur le parement.

outillage

scie égoïne à denture pour plâtre

scie à panneaux

perceuse–visseuse

éponge

papier abrasif

1 Assurez-vous qu'aucune canalisation électrique ne passe derrière la surface où vous voulez apposer la niche et localisez les éléments de son ossature. Tracez le contour de la niche au moyen du gabarit. Découpez la paroi en restant bien à l'intérieur du tracé.

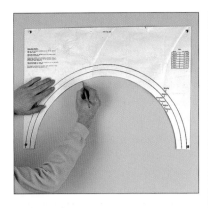

2 Retirez le morceau de plaque de plâtre découpé et sciez les éléments d'ossature qui se trouvent

dans le volume de la niche. Encadrez l'ouverture en insérant un tasseau à la base, et deux tasseaux latéraux si nécessaire. Clouez ou vissez ces tasseaux en biais sur les montants.

3 Encollez le pourtour de la niche et posez-la dans son logement, de manière que sa base repose

entièrement sur le tasseau inférieur. Éliminez la colle qui a débordé au moyen d'une éponge humide.

4 Encollez ensuite la face arrière de la tablette et placez-la sous le corps de niche. Si nécessaire, calez la niche pendant que la colle sèche, avec quelques pointes piquées de biais.

ROSACES AU PLAFOND

Souvent, une rosace orne le centre du plafond, parfois en association avec une suspension. On peut toutefois concevoir d'animer l'uniformité d'un grand plafond en le décorant de plusieurs rosaces, disposées selon un motif géométrique (étoile, cercle, octogone…).

Cherchez à repérer l'emplacement des solives pour y fixer les rosaces, (aux dos préalablement enduits de colle), au moyen de vis autoperceuses. Mastiquez leurs têtes avec de l'adhésif, poncé après durcissement.

Une niche plaquée sur le mur – plus facile à réaliser qu'une vraie niche – vient rompre la monotonie d'un grand pan en créant un décor qui peut être souligné par un éclairage indirect, éventuellement coloré, pour mettre en valeur un vase ou une statuette.

poser des plinthes ⚹⚹⚹

Rares sont les pièces qui peuvent se passer des plinthes qui protègent la base des murs. Au-delà de cet aspect pratique, les plinthes jouent un rôle dans l'ensemble de la décoration ; d'où la diversité – en dimensions comme en décor – des éléments proposés pour réaliser les plinthes. En principe, on s'efforce toujours de les assortir aux autres moulures : ceintures murales, astragales et architraves des portes.

COUPE DES JOINTS

Si une coupe droite convient tout à fait pour l'extrémité de la plinthe qui bute sur le chambranle d'une porte, les extrémités qui s'aboutent dans les angles, ainsi que les joints de raccordement en plein panneau doivent être coupés en onglet.

• **Coupe d'onglet** – Une scie à onglets (ci-dessous) permet de réaliser des coupes nettes et précises sous les angles les plus divers, notamment pour les jonctions dans des angles irréguliers. Mais pour les coupes à 45°, nécessaires aux raccords à 90° (rentrants ou saillants), une boîte à onglets classique suffit, sous réserve d'y caler soigneusement la moulure verticale contre un côté, avec un coin en bois.

👍 conseil d'expert

Profitez du remplacement des plinthes pour refaire les circuits électriques passant sous des baguettes en bois collées au-dessus des plinthes. Vous pouvez regrouper les fils de l'éclairage et des prises, de même que les lignes de téléphone dans une autre plinthe, ou poser une plinthe amovible dotée d'une face arrière rainurée.

coupe ordinaire

Vous pouvez vous dispenser des coupes d'onglet pour raccorder les plinthes à profil uniforme (dépourvu de rainures), même dans les angles. Accolez l'extrémité de la première plinthe contre le mur orthogonal. L'extrémité de la plinthe qui borde ce dernier doit être découpée pour s'ajuster sur le profil de la précédente.

outillage

mètre ruban
crayon de charpentier
scie à panneaux
scie sauteuse ou scie à chantourner
râpe à bois
marteau
perceuse-visseuse
scie à dos

1 Tracez le trait d'extrémité de la plinthe. Calez la face interne (plane) perpendiculairement à ce trait et reportez son profil sur la plinthe à découper.

2 Coupez à l'intérieur du trait de profil, soit avec une petite scie à chantourner, soit avec une scie sauteuse électroportative. Si besoin, rectifiez la coupe avec la râpe à bois.

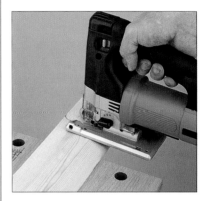

sols irréguliers

Il arrive souvent – spécialement dans une construction ancienne – que le plancher ne soit pas plan, mais présente des ondulations plus ou moins prononcées. Une plinthe posée sur ces ondulations laisserait apparaître des interstices disgracieux constituant des réservoirs à saletés. De plus, on risque fort de ne pouvoir raccorder exactement les plinthes dans les angles. La solution la plus simple consiste à recouper le chant inférieur de la plinthe pour l'accorder au profil du plancher.

1 Coupez la plinthe à la bonne longueur et présentez-la à la base du mur. Dans une chute de bois, taillez un gabarit ayant une épaisseur égale au plus grand écart entre la base de la plinthe et le sol. Posez un crayon à plat sur ce gabarit (vous pouvez l'y

maintenir avec un tour de ruban adhésif) et traînez ce dispositif sur le plancher, en épousant toutes ses irrégularités, pour reporter son profil exact sur la base de la plinthe.

2 Si vous constatez qu'il faut effectuer une découpe relativement importante, placez la plinthe sur l'établi et calez-la soigneusement avec des valets ou des serre-joints, puis effectuez la découpe suivant le tracé, avec une scie à chantourner ou une scie sauteuse. En revanche, si les reprises restent modestes, vous pouvez les former à la râpe.

fixation des plinthes

La technique de fixation des plinthes dépend avant tout de la nature du mur dont elles ornent la base. Dans une cloison creuse, on les cloue ou visse dans le rail d'embase et dans les montants. Dans un mur en maçonnerie, il faut seulement veiller à assurer une fixation résistante.

clouage

Dans une cloison, utilisez des pointes tête homme – assez fines pour ne pas fendre le bois – chassez les têtes sous la surface et mastiquez. Dans de la maçonnerie, il faut toutefois utiliser des pointes – en acier galvanisé – de diamètre relativement important. Pour éviter de fendre le bois, percez des avant-trous, espacés de 60 cm environ.

vissage

En général, il est préférable de visser les plinthes plutôt que de les clouer. En effet, les vibrations créées quand vous enfoncez les pointes finissent souvent par arracher les premières enfoncées. Percez d'abord des trous dans la plinthe tous les 60 cm environ. Pour une fixation dans un mur en maçonnerie, posez la plinthe à blanc et reportez l'emplacement de ces trous sur le mur, puis percez sur les tracés au diamètre correspondant au type de chevilles

adapté à la nature du mur. Insérez les chevilles, posez la plinthe et vissez.

raccords délicats

En dehors des angles normaux, les plinthes de certaines pièces peuvent former des angles saillants, leur fixation doit être alors particulièrement soignée.

angles saillants

Coupez les extrémités en onglets et rectifiez si nécessaire. Renforcez l'assemblage avec des pointes tête homme clouées dans l'extrémité d'une des deux lames.

joints entre sections

Au pied des murs de grande longueur, il arrive souvent que l'on doive abouter deux lames. Un joint droit finira tôt ou tard par se fendre et bâiller. Aussi, mieux vaut couper les extrémités des lames en onglet puis les encoller et renforcer l'assemblage avec quelques pointes tête homme.

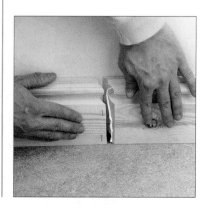

poser des moulures ⚒

Les moulures ont des usages multiples, depuis les architraves des portes et fenêtres jusqu'aux ceintures murales, en passant par les divers encadrements. Bien que l'on puisse réaliser tous ces éléments avec un même modèle de moulure, mieux vaut souvent choisir – dans une même famille de décor – des profils adaptés à chaque usage. Ainsi, la ceinture murale qui protège le revêtement des chocs des dossiers doit être plus épaisse que l'encadrement d'un tableau.

poser une ceinture murale

Dans les constructions modernes, on n'utilise les moulures murales que pour ceinturer les murs, en général à 1 m du sol. Dans des pièces très hautes de plafond, surtout si celui-ci n'est qu'approximativement parallèle au plancher, on peut poser une moulure à 15 ou 20 cm du plafond, pour un décor mural "en astragale".

outillage

mètre ruban et crayon

niveau à bulles

scie et boîte à onglets

marteau ou visseuse

chasse-clou

pistolet à colle

éponge

1 Tracez la ceinture horizontale sur laquelle vous voulez placer la moulure, avec le niveau et un crayon ou un cordeau à tracer. Sur chaque côté, relevez avec précision la longueur exacte entre deux angles.

2 Coupez les moulures à l'exacte dimension, avec coupes d'onglet à chaque extrémité.

3 Déposez un cordon de colle au milieu du dos des moulures, en forme de zigzag, mais sans atteindre les bords. La colle se répartira jusqu'à ceux-ci en refluant quand vous plaquerez la moulure sur le mur.

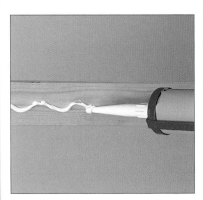

4 Présentez la moulure encollée sur le tracé, puis rabattez-la pour la plaquer sur le mur de façon bien homogène sur toute sa surface, en appuyant progressivement d'une de ses extrémités vers l'autre. Éliminez immédiatement les bavures de colle avec une éponge humide.

5 Renforcez la fixation des moulures avec des pointes tête homme que vous chasserez ensuite sous la surface de la moulure. Aboutez les éléments en veillant à une jonction parfaite des raccords.

👍 conseil d'expert

Si vous voulez conserver la teinte naturelle de la moulure, évitez de la clouer, car les têtes des pointes finissent toujours par réapparaître. Utilisez plutôt une colle puissante et maintenez la moulure fermement appliquée jusqu'à séchage complet, au moyen de bandes de ruban adhésif large (du type de celui qui sert pour fermer les cartons d'emballage).

6 Calfatez le joint de la rive haute de la moulure avec un fin cordon de colle et lissez-le avec le bout d'un doigt mouillé. Ce joint compensera le travail du bois en évitant l'apparition de fissures disgracieuses.

7 Calfatez de même les joints entre éléments de moulure et éliminez la colle en excès avec une éponge mouillée. Masquez les têtes des pointes avec un enduit et poncez le tout avant d'appliquer la finition.

conseil d'expert

Sur un mur aux couleurs vives, ou si la moulure elle-même est peinte d'une teinte vive, vous pouvez vous dispenser de calfater le joint s'il reste mince, car ces couleurs masquent les petites fissures.

DÉCORATION

• **Papier peint** – Quand la moulure divise deux surfaces tapissées de papiers différents, ou si vous voulez que la moulure contraste vivement sur la décoration du mur, peignez-la avant de la fixer au mur. Tapissez avant de poser la moulure : vous pouvez alors couper le papier approximativement, puisque la moulure masquera le raccord.

• **Vernis** – Avec une finition qui conserve l'aspect naturel du bois, mieux vaut appliquer deux couches de vernis sur les moulures avant de les poser : cela vous évitera les résultats aléatoires du vernissage des joints. Vous appliquerez une dernière couche de vernis après la pose, en veillant à ne pas déborder sur le mur, précaution qui vaut également pour la peinture des moulures.

• **Peinture** – Masquez d'abord la surface du mur de chaque côté de la moulure. Si le mur est tapissé (ce qui empêche d'y coller du ruban de masquage), vous pouvez appliquer le tranchant d'un couteau à enduire ou d'une raclette dans l'angle entre moulure et mur, alternativement de chaque côté de la moulure au fur et à mesure que vous progressez.

La moulure partage l'espace mural en deux parties. Lorsque la partie inférieure est traitée de façon différente, la décoration de la pièce s'en trouve renforcée.

panneaux muraux en papier texturé ⌒⌒⌒

Les papiers texturés permettent d'obtenir des effets décoratifs originaux à un coût plus raisonnable. Certains produits sont recouverts de motifs en velours, d'autres sont pelables, ce qui permet de changer le décor sans avoir à tout décoller, d'autres enfin sont gaufrés et peuvent être peints ou décorés au pochoir. Dans tous les cas, ils se posent comme du papier peint.

application

Déterminez la disposition de votre décor en tenant compte de la largeur des rouleaux : en principe 53 cm pour les gaufrés et les vinyles expansés, 90 cm pour les tissus et les pailles sur papier et 100 cm pour les vinyliques sur PVC. Masquer les raccords hétérogènes dans les coins.

outillage

niveau à bulles

mètre ruban et crayon

table à tapisser

brosse à encoller et éponge

brosse à maroufler ou spatule

roulette à joint

cutter

marteau

1 Tracez un repère vertical de départ à l'endroit qui réduit au minimum les recoupes et raccords.

2 Les papiers gaufrés ou texturés absorbent mal l'eau de la colle ; il est donc prudent de les détremper 20 minutes avant la pose.
Vous pouvez mouiller l'envers avec une grosse éponge. L'enduction peut se faire avec de l'eau additionnée d'un peu de colle (deux fois moins que pour l'encollage final). Pour savoir exactement quand appliquer la colle, notez l'heure au crayon au dos du lé.

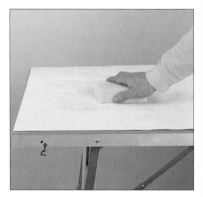

3 Pour les vinyles expansés et les vinyles collés sur PVC (imperméables), la colle s'applique sur le mur. Pour les gaufrés,

en revanche, on encolle le dos du revêtement, à la brosse ou au rouleau. Vous devez employer une colle spéciale, dont les caractéristiques sont en principe mentionnées sur l'étiquetage des rouleaux. Éliminez toute bavure de colle avec une éponge humide sans oublier la table.

4 Affichez le premier lé contre le trait vertical. Marouflez le lé au moyen d'une brosse de tapissier, ou d'une spatule.

5 Posez les lés en évitant surtout que leurs rives se chevauchent (mieux vaut laisser un petit interstice si c'est un revêtement épais). Terminez le joint en écrasant ses lèvres à l'aide d'une roulette à joint ou avec l'un des côtés de la spatule.

conseil d'expert

Avant de peindre un revêtement texturé, faites un essai sur une chute pour vous assurer que la peinture est compatible avec le support (il ne doit pas cloquer).

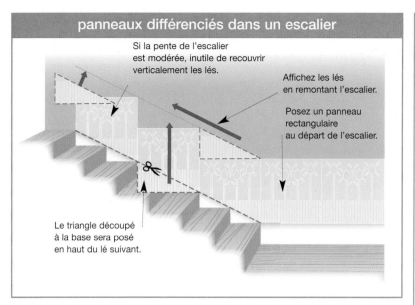

panneaux différenciés dans un escalier

Si la pente de l'escalier est modérée, inutile de recouvrir verticalement les lés.

Affichez les lés en remontant l'escalier.

Posez un panneau rectangulaire au départ de l'escalier.

Le triangle découpé à la base sera posé en haut du lé suivant.

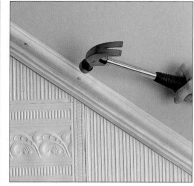

9 Marouflez très soigneusement tous les joints, et calfatez éventuellement ceux qui risquent de bailler avec la colle appliquée au pinceau, puis épongez les bavures.

6 Dans un escalier, vous pouvez poursuivre le revêtement du mur de départ en recoupant des lés en deux verticalement, de manière à harmoniser l'effet d'"escalier" des motifs du revêtement. Arasez la base des lés le long du limon de l'escalier.

7 Utilisez le triangle découpé au bas d'un lé pour fermer au-dessus du suivant, de manière

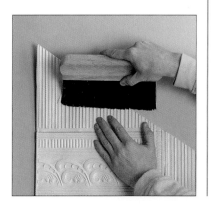

à obtenir une continuité du décor de la partie supérieure du panneau. Toutefois, cette procédure ne convient pas avec des motifs complexes, pour lesquels vous devrez rechercher des raccords respectant la composition du décor.

8 Marquez la ceinture de la cage d'escalier avec une frise ou une moulure prolongeant la ligne de ceinture du mur de la pièce de départ.

Les papiers gaufrés à peindre peuvent être assortis à la teinte du décor. Une frise ou une moulure assure une finition impeccable entre le papier et le reste du mur.

revêtements décoratifs

Une décoration peut compromettre,
ou au contraire rehausser, le résultat
du labeur consacré à la remise en état
ou à la transformation d'une pièce
ou même d'une demeure complète.
Nous présentons dans ce chapitre
les techniques de décoration
en donnant des conseils pour
la préparation et l'organisation
des travaux afin d'obtenir la meilleure
finition. Le temps passé à rechercher
les harmonies de teintes et de matériaux
et à sélectionner les produits se retrouve
toujours dans la qualité d'une décoration.
Nous vous proposons un guide
de sélection des matériaux
de revêtement pour les murs
et les plafonds, avec la description
des techniques à mettre en œuvre.

103

Traduisez vos goûts dans l'harmonie
ou le contraste entre la décoration
et l'ameublement de votre demeure.

choisir la technique de décoration

Tout travail de décoration est gouverné avant tout par les goûts personnels de celui qui conduit les travaux. Chacun a des opinions arrêtées sur telle ou telle technique. Si certains ne se sentent bien qu'au milieu du papier peint, d'autres ne peuvent supporter que la peinture, sans même parler des options en matière de couleurs, de nuances et de textures. Comme il n'existe pas de vérité avérée dans ce domaine, on gagne toujours à examiner diverses options, voire à faire des essais.

considérations esthétiques

La liberté de choix des matériaux et techniques décoratives d'un logement n'est pas illimitée. Outre les considérations budgétaires et la prise en compte de vos aptitudes, vous devez considérer le style propre de la demeure dont vous voulez refaire la décoration, qu'elle soit de style ancien ou résolument moderne. Certains matériaux et produits de décoration sont à proscrire dans chaque cas, sauf à vous lancer dans une refonte complète de la construction.

Au contraire, un chantier important comme le percement d'un mur ou l'abattage d'une cloison doit conduire à rechercher les moyens de restaurer l'authenticité du style d'une demeure que les modifications successives ont peu à peu dénaturé. Il vous faudra alors tenir compte des modifications du plan des pièces d'habitation qu'elles entraînent ; car on ne décore pas un grand séjour créé en abattant une cloison comme pourraient l'être une salle à manger et un salon séparés.

À DROITE *La décoration doit servir à mettre en exergue les éléments spécifiques de la pièce, comme ici la cheminée.*

papier peint

Jamais une telle diversité n'a été offerte aux particuliers qui veulent tapisser une ou plusieurs pièces. Les nouveaux produits et les collections créées chaque année rivalisent de propositions plus tentantes les unes que les autres. Quelques règles restent cependant valables pour encadrer un choix dans cette prolifération d'offres alléchantes. L'ameublement et les dimensions des pièces ont une influence importante. En effet, le revêtement mural peut mettre l'aménagement en valeur ou, au contraire, l'étouffer, de même qu'il peut sembler élargir le volume d'une pièce ou le rétrécir.

À GAUCHE *Ce papier peint à larges bandes verticales donne plus de hauteur apparente à une pièce basse de plafond, sans pour autant perturber l'impression d'intimité.*

CI-DESSUS *La différence de carrelage entre les murs et le sol crée une harmonie parfaite.*

À DROITE *Les tons pastel choisis pour cette grande pièce généreusement éclairée en soulignent le volume.*

CI-DESSOUS *Des couleurs soutenues permettent de mettre en valeur les parties caractéristiques d'une pièce très meublée aux contours irréguliers.*

carrelage

L'option du carrelage dans une pièce est guidée par des aspects pratiques. Mais une offre très diversifiée – en variétés de matériaux, en couleurs et en décors – rend plus complexe le choix des produits. Si l'usage des surfaces carrelées influe fortement sur le choix des matériaux, une harmonie doit être recherchée avec les autres éléments du décor.

peinture

La peinture reste le seul procédé décoratif que l'on retrouve dans toutes les pièces d'une habitation. Là aussi, les nouveautés introduites par les fabricants ont considérablement élargi le choix offert à l'amateur, du moins du point de vue des produits et techniques. En revanche, les options de couleurs et tonalités restent gouvernées par des règles d'harmonie et de complémentarité issues d'une expérience séculaire, malgré les propositions iconoclastes formulées de temps à autre.

souligner des détails

On peut jouer avec les couleurs pour souligner certains détails ou mettre en avant les particularités d'aménagement d'une pièce. Une combinaison judicieuse qui donne de la texture à une partie d'une pièce peut focaliser l'attention sur un détail architectural qui resterait autrement discret. N'oubliez pas cependant qu'en multipliant les teintes et les produits, vous compliquez le chantier et vous augmentez les risques d'effets pervers.

choisir les matériaux

Une fois déterminé le style de la décoration qui vous convient, il vous reste à choisir les matériaux qui vous permettront d'obtenir dans les meilleures conditions le résultat que vous recherchez ; c'est-à-dire les produits qui rendront un effet conforme à vos souhaits en fonction des surfaces à décorer. Il faut, en effet, garder à l'esprit qu'un revêtement rend différemment selon les dimensions, la situation et même la constitution de la surface sur laquelle on l'applique.

carrelages

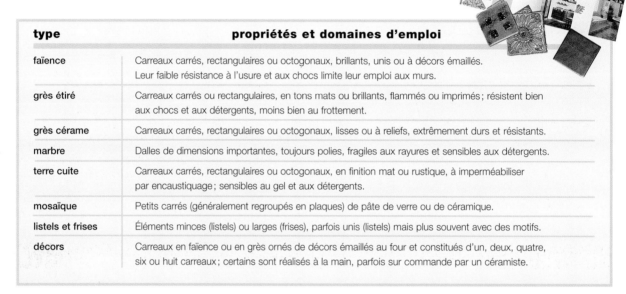

Les propriétés spécifiques des carrelages en font les revêtements idéaux pour toutes les surfaces soumises à des agressions mécaniques (frottement) ou à une atmosphère humide (cuisine, salle de bains).

type	propriétés et domaines d'emploi
faïence	Carreaux carrés, rectangulaires ou octogonaux, brillants, unis ou à décors émaillés. Leur faible résistance à l'usure et aux chocs limite leur emploi aux murs.
grès étiré	Carreaux carrés ou rectangulaires, en tons mats ou brillants, flammés ou imprimés ; résistent bien aux chocs et aux détergents, moins bien au frottement.
grès cérame	Carreaux carrés, rectangulaires ou octogonaux, lisses ou à reliefs, extrêmement durs et résistants.
marbre	Dalles de dimensions importantes, toujours polies, fragiles aux rayures et sensibles aux détergents.
terre cuite	Carreaux carrés, rectangulaires ou octogonaux, en finition mat ou rustique, à imperméabiliser par encaustiquage ; sensibles au gel et aux détergents.
mosaïque	Petits carrés (généralement regroupés en plaques) de pâte de verre ou de céramique.
listels et frises	Éléments minces (listels) ou larges (frises), parfois unis (listels) mais plus souvent avec des motifs.
décors	Carreaux en faïence ou en grès ornés de décors émaillés au four et constitués d'un, deux, quatre, six ou huit carreaux ; certains sont réalisés à la main, parfois sur commande par un céramiste.

papiers peints

La diversité des matériaux, des décors et des textures permet aux papiers peints de trouver leur emploi dans toutes les pièces d'une habitation et d'offrir des combinaisons décoratives extrêmement riches.

type	propriétés et domaines d'emploi
papier d'apprêt	Uni et monocolore ; destiné à revêtir un parement lisse absorbant mal la colle ; peut être recouvert ou peint.
papier standard	Les moins chers et les plus faciles à poser, mais offrant une grande variété de motifs ; à raccord ou sans raccord. Certains produits sont préencollés.
gaufré	Reliefs de même teinte que le fond ou encrés (plus résistants à l'écrasement), ou encore constitués de deux feuilles contrecollées (très résistants).
reliefs plastifiés	Reliefs très résistants à l'écrasement et à l'abrasion, finition brillante, parfois lavables.
vinyle	Décors généralement très brillants, toujours au moins épongeables, souvent lavables.
papier matière	Décor en paille japonaise, en liège, en mica ou en tissu (lin, cotonnade ou soie) collé sur papier.
imprimés artistiques	Fabrication artisanale utilisant des cartons parfois fort anciens pour un décor composé ou répétitif.

peintures

Ce tableau ne passe en revue que les produits d'usage courant. Vous pouvez obtenir des produits plus élaborés auprès de commerçants spécialisés, qui peuvent même formuler une peinture répondant à une demande particulière.

type	propriétés et domaines d'emploi
émulsion mate	Produit pour murs et plafonds donnant un aspect uniforme, sans relief ; produit couvrant bien, séchant rapidement et pouvant servir de couche d'apprêt sur le plâtre nu.
émulsion satinée	Produit pour murs et plafonds donnant un aspect chatoyant dont la nuance varie avec l'éclairage ; couvre assez médiocrement et sèche moins vite que les produits mats ; facile à nettoyer ; idéal pour réaliser une couche de fond pour une peinture à effets.
émulsion vinyle	Produit mat ou brillant convenant à toutes surfaces, très intéressant pour celles risquant de fréquentes salissures ; très grand pouvoir couvrant et facile à appliquer.
glycérophtalique	Produit satiné ou brillant convenant à toutes surfaces, donnant un revêtement facile à lessiver (supporte même les détergents puissants) ; application assez laborieuse car long à sécher, nécessitant un diluant spécifique et imposant un nettoyage laborieux des outils.
polyuréthane	Produit satiné (parfois brillant) pour toutes surfaces à bon pouvoir couvrant et temps de séchage moyen, très résistant au lessivage et très peu sensible aux ultraviolets.
acrylique	Produit mat ou satinés convenant à toutes les surfaces exemptes de lessivage et d'humidité ; très facile à appliquer, se diluant à l'eau, séchant rapidement, mais sensible à la lumière (qui fane les couleurs).
laque	Produit nécessitant une parfaite maîtrise de la technique, utilisable uniquement sur des surfaces exemptes de risques de frottements, éraflures et d'humidité ; excellente tenue des couleurs ; s'applique toujours sur une base composée au moins d'une couche d'apprêt et d'une sous-couche.

107

peintures à effets

Les effets décoratifs sont réalisés en travaillant une couche particulière, colorée ou transparente, appliquée sur un fond uni. L'offre de produits pour créer des effets, des motifs et des textures s'est considérablement étoffée pour répondre aux demandes des décorateurs amateurs.

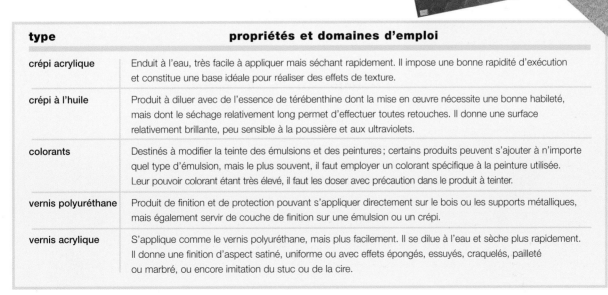

type	propriétés et domaines d'emploi
crépi acrylique	Enduit à l'eau, très facile à appliquer mais séchant rapidement. Il impose une bonne rapidité d'exécution et constitue une base idéale pour réaliser des effets de texture.
crépi à l'huile	Produit à diluer avec de l'essence de térébenthine dont la mise en œuvre nécessite une bonne habileté, mais dont le séchage relativement long permet d'effectuer toutes retouches. Il donne une surface relativement brillante, peu sensible à la poussière et aux ultraviolets.
colorants	Destinés à modifier la teinte des émulsions et des peintures ; certains produits peuvent s'ajouter à n'importe quel type d'émulsion, mais le plus souvent, il faut employer un colorant spécifique à la peinture utilisée. Leur pouvoir colorant étant très élevé, il faut les doser avec précaution dans le produit à teinter.
vernis polyuréthane	Produit de finition et de protection pouvant s'appliquer directement sur le bois ou les supports métalliques, mais également servir de couche de finition sur une émulsion ou un crépi.
vernis acrylique	S'applique comme le vernis polyuréthane, mais plus facilement. Il se dilue à l'eau et sèche plus rapidement. Il donne une finition d'aspect satiné, uniforme ou avec effets épongés, essuyés, craquelés, pailleté ou marbré, ou encore imitation du stuc ou de la cire.

préparer les murs et les plafonds ↗

La qualité finale de la décoration d'une pièce dépend largement du soin apporté à préparer les surfaces avant d'y appliquer un revêtement décoratif. On ne doit-on jamais bâcler cette phase préparatoire, sous peine de compromettre le résultat final et d'être déçu. Les fissures, en particulier, devront être traitées, même si le revêtement les cache, car elles risquent de le craqueler.

revêtements décoratifs

108

rebouchage

Peu de travaux sont aussi simples que le rebouchage des fissures, petits trous et lézardes dans les murs et plafonds, car ces opérations ne requièrent guère de compétences techniques, mais seulement de la méthode et de l'application. Selon la nature et l'importance des défauts à obturer, on choisira un produit de rebouchage universel, un mastic souple ou une mousse expansive.

reboucheur universel

Le qualificatif d'universel signifie théoriquement que ces produits peuvent reboucher toute ouverture. Néanmoins, leur efficacité reste circonscrite à certains rebouchages, même s'il s'agit des plus courants. Selon la nature du support à réparer et l'importance des dégâts, on prendra un mastic prêt à l'emploi ou un enduit en poudre à gâcher à l'eau.

1 Éliminez les débris et la poussière amassés dans l'ouverture et humidifiez-la pour améliorer l'adhésivité

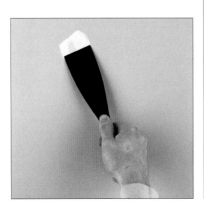

du produit. Pressez le mastic dans l'ouverture avec la lame du couteau à enduire en laissant le produit former un petit bourrelet (il se rétreint en séchant). Arasez les bavures tout autour.

2 Quand le mastic est dur et sec, poncez-le jusqu'à alignement parfait avec la surface réparée. Pour reboucher une ouverture profonde, appliquez une première couche jusqu'à 2 ou 3 mm de la surface, puis, dès qu'elle a durci, appliquez la seconde et poncez-la quand elle est sèche et dure.

mastic souple

L'élasticité des produits universels est souvent moins importante que ce que prétendent les fabricants. Mieux vaut employer un mastic souple pour boucher les fissures dans les angles des murs et entre ceux-ci et le plafond, car les microdéplacements qui sont à leur origine ne cessent pratiquement jamais. Ces produits sont conditionnés en tube applicateur ou cartouche pour pistolet applicateur. Lissez le mastic avant qu'il ne soit sec, car ces produits ne se poncent pas.

> ### conseil sécurité
>
> Protégez-vous de la poussière générée par le ponçage avec un masque. Mieux encore, utilisez une machine à aspiration pour traiter une grande surface.

1 Appliquez le mastic d'un mouvement lent et régulier pour déposer un cordon débordant un peu de part et d'autre de la fissure.

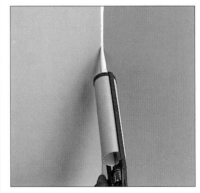

2 Dès qu'une fente est comblée, lissez le mastic avec le bout d'un doigt trempé dans l'eau. Conservez un bol d'eau à portée de main pour humidifier et rincer fréquemment votre doigt.

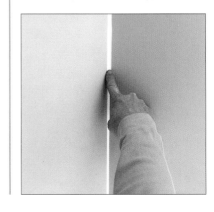

3 Pour empêcher le produit de durcir dans sa cartouche, insérez une pointe ou une vis dans le bec applicateur. Vous pourrez ainsi le réutiliser.

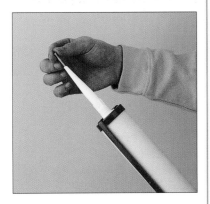

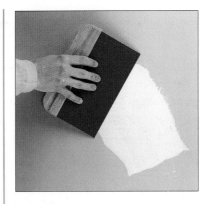

mousse expansive

Pour obturer un large espace autour d'un tuyau ou d'une ouverture, un mastic souple ne convient pas plus qu'un produit universel, pour des raisons pratiques autant qu'économiques. Il faut appliquer un produit expansif qui comble l'ouverture jusqu'aux moindres recoins et exerce sur les parois une pression qui assure la tenue du rebouchage dans le temps. Pour l'esthétique, vous pouvez le recouvrir d'une mince couche de mastic

universel. Les produits de rebouchage expansifs sont des mousses conditionnées en bombes aérosols munies d'une canule d'éjection. Suivez scrupuleusement les précautions d'emploi mentionnées sur l'emballage. Le produit gonfle, puis durcit sous l'effet de la réaction chimique avec l'oxygène de l'air en débordant de l'orifice qu'il remplit. Quand il a durci, vous pouvez l'araser avec un couteau.

enduction au couteau

Le couteau à enduire est indispensable pour effectuer un rebouchage de bonne qualité, c'est-à-dire réaliser un cordon de mastic avec une surface homogène et dépourvu de bulles d'air. De plus, cet outil fait gagner du temps puisqu'il

permet de combler plusieurs trous, fissures et petite irrégularités de surface en une passe continue avec la lame chargée d'un peu de mastic ou d'enduit.

conseils d'expert

Quelques astuces vous permettront de gagner du temps, sans pour autant compromettre le résultat en bâclant le travail. En particulier, utilisez les machines qui accélèrent les opérations les plus fastidieuses tout en garantissant le meilleur résultat possible, comme les ponceuses électroportatives à bande. Pour une petite surface, un plateau-ponceur articulé monté sur une perceuse portative fait gagner bien du temps sur l'une des opérations les moins attrayantes que nombre de bricoleurs sont souvent tentés d'abréger.

nettoyer et étancher les surfaces

Quand le fond est correctement lissé et poncé, nettoyez les surfaces à l'eau tiède additionnée d'un peu de détergent pour éliminer la poussière et les débris. Rincez ensuite à l'eau claire et laissez sécher complètement avant application éventuelle d'un quelconque traitement d'apprêt ou d'un reboucheur hydrofuge, préalablement à la décoration finale par peinture ou pose de papier peint. En règle générale – sauf indication différente du fabricant – les produits de traitement de surface mentionnés ci-contre se diluent dans 5 fois leur volume d'eau.

type	traitement de la surface
surfaces brutes après décollage du papier peint	Traiter avec un enduit hydrofuge.
crépi	Traiter la surface avec un apprêt adapté à sa nature et au revêtement qui doit la recouvrir.
plâtre neuf	Passer un apprêt hydrofuge avant de tapisser, ou une émulsion acrylique diluée avant de peindre.
vieille peinture	Décapez soigneusement la surface avec un détergent ménager puissant.
vieux papier peint	Mieux vaut ne pas peindre sur un vieux papier peint, à moins de vous assurer qu'il n'est ni décollé ni cloqué.
lambris	Après application d'un enduit approprié, appliquez une peinture, une lasure ou un vernis à bois.

appliquer les peintures ↗↗

La technique mise en œuvre pour appliquer la peinture a souvent autant d'importance que la qualité des produits utilisés. Ne sous-estimez donc jamais la technique, surtout si vous avez choisi des produits de qualité supérieure dont vous risquez fort de compromettre l'efficacité en les appliquant de façon inappropriée. Parmi la panoplie d'outils utilisables pour peindre, le choix doit être guidé par l'importance et la nature des surfaces à peindre et la nature des produits employés.

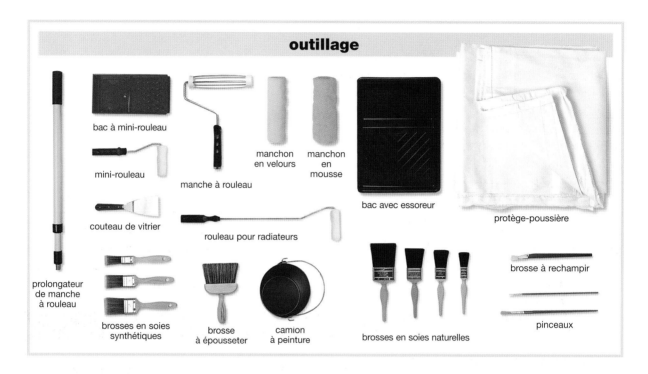

outillage

- bac à mini-rouleau
- mini-rouleau
- manche à rouleau
- manchon en velours
- manchon en mousse
- bac avec essoreur
- protège-poussière
- couteau de vitrier
- rouleau pour radiateurs
- brosse à rechampir
- prolongateur de manche à rouleau
- brosses en soies synthétiques
- brosse à épousseter
- camion à peinture
- brosses en soies naturelles
- pinceaux

plafonds

Le principal problème pour peindre un plafond reste le moyen d'y accéder commodément et en toute sécurité, ce que l'option classique de l'escabeau ou de la double échelle ne résout qu'imparfaitement.

1 Pour peindre le plafond sans fatigue tout en gardant les pieds au sol, employez un rouleau emmanché au bout d'une rallonge. Ce même matériel permet également de peindre les murs. L'expérience prouve d'ailleurs qu'avec la rallonge, la pression appliquée au rouleau est plus naturellement uniforme que lorsqu'on le manie avec un manche court, ce qui assure un meilleur fini de surface.

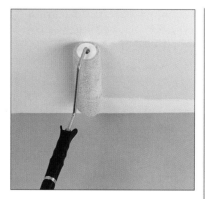

2 Malgré tout, vous devrez quand même employer une brosse pour finir les lisières du plafond, au ras des angles avec les murs. Si vous prévoyez de peindre ensuite les murs (ou d'y appliquer un revêtement), vous pouvez faire déborder un peu la peinture du plafond sur les murs. Comme le revêtement des murs masquera ces bavures, vous pouvez

employer une queue-de-morue assez large pour aller plus vite sans trop vous préoccuper des débordements.

👍 conseil d'expert

Que votre confiance dans les outils traditionnels ne vous empêche pas d'essayer de nouvelles techniques.

clés de la réussite

Compte tenu de la diversité des facteurs qui influent sur la qualité du résultat, vous gagnerez à vous entraîner un peu (sur l'intérieur d'un placard, par exemple) avant d'attaquer la peinture de grandes surfaces.

nombre de couches

L'expérience prouve que le gain de temps obtenu en réduisant le nombre de couches se paye toujours d'un résultat de moindre qualité. La sagesse confirme qu'il faut toujours au moins deux couches pour couvrir correctement une surface, et souvent trois, voire quatre, selon la perméabilité du support et le produit employé. D'ailleurs, vous devrez appliquer un plus grand nombre de couches pour obtenir un bon résultat avec une peinture de moindre qualité : aussi est-il souvent plus économique d'acheter un produit supérieur, dont vous consommerez moins.

surépaisseurs de rives

Pour qu'ils soient plus facilement lessivables, les produits modernes contiennent des résines chimiques (vinyle, polyuréthane) qui produisent toujours un effet satiné, même dans les peintures mates. Ce satiné réfléchit la lumière rasante et met ainsi en valeur la moindre irrégularité dans l'épaisseur des couches. Cet effet est d'autant plus visible que la teinte est foncée. Or, une telle irrégularité se produit sur les côtés d'une surface, là où la peinture des bordures se superpose aux couches couvrant le panneau, d'autant plus que ces finitions s'effectuent alors que le panneau a largement commencé à sécher. Comme les peintures chargées en résine sèchent assez vite, il faut finir les bords de chaque panneau avant d'attaquer le suivant, et non pas après avoir couvert les panneaux adjacents.

traces de rouleau

La texture laissée par le manchon tend à être plus dense sur le passage de ses extrémités. Pour éviter le phénomène, limitez la pression sur le manchon et faites chevaucher à demi les passes parallèles.

apprêt

Pour la couche qui recevra l'application de peinture, utilisez un apprêt coloré dans une teinte

la plus voisine possible de celle de la peinture. Vous éviterez ainsi les moirures et les variations de brillance.
Avant de recouvrir une ancienne peinture maculée de taches résistantes au nettoyage, passez une seconde couche d'enduit sur la zone tachée en débordant largement.

Sur une surface remise en état avec un mastic souple, mieux vaut appliquer un enduit à l'huile, car en séchant, les enduits à l'eau peuvent se fendiller à l'emplacement des réparations.

travailler au pistolet

Le pistolet n'est intéressant que pour des surfaces importantes. Vous devrez cependant masquer soigneusement les zones à épargner et porter des gants et un masque filtrant. Couvrez en superposant plusieurs couches fines plutôt qu'une seule couche épaisse où vous risquez fort de provoquer des coulures.

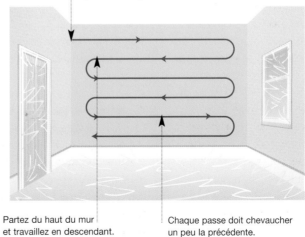

Amorcez le jet un peu avant le départ de l'endroit à couvrir, puis stabilisez le pistolet dès qu'il arrive sur la zone.

Partez du haut du mur et travaillez en descendant.

Chaque passe doit chevaucher un peu la précédente.

effets et textures ✗✗

La popularité croissante des peintures à effet et des enduits texturés a conduit les fabricants à développer des produits et des outils toujours plus performants qui permettent à tout amateur soigneux de réaliser une décoration de grande qualité. En particulier, les crépis et cires murales connaissent une vogue croissante, car ils valorisent facilement la créativité de celui qui les met en œuvre. Toutefois, certaines techniques demandent plus d'habileté que d'autres.

outillage

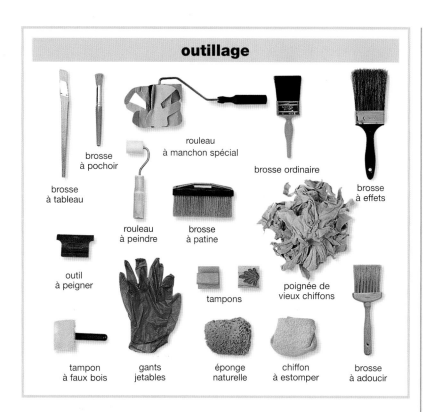

brosse
à pochoir

rouleau
à manchon spécial

brosse ordinaire

brosse
à tableau

brosse
à effets

rouleau
à peindre

brosse
à patine

outil
à peigner

poignée de
vieux chiffons

tampons

tampon
à faux bois

gants
jetables

éponge
naturelle

chiffon
à estomper

brosse
à adoucir

mélanger les couleurs

La majorité des effets sur peinture sont réalisés dans une couche de glacis transparent. C'est le médium qui donne à la peinture l'effet tridimensionnel recherché. Si nombre de spécialistes se refusent toujours à utiliser autre chose qu'un glacis à l'huile, les produits acryliques ont suffisamment progressé pour permettre à l'amateur de travailler avec un glacis à l'eau et de réaliser assez facilement des effets intéressants. Ces produits à l'eau offrent en outre l'énorme avantage de pouvoir être très facilement colorés avec des pigments en poudre classiques.

Cette apparente simplicité ne doit pas vous dispenser de procéder avec le plus grand soin au mélange, afin d'obtenir la nuance exacte souhaitée.

ajouter un colorant

Vous aurez beaucoup de chance si la teinte que vous voulez obtenir correspond exactement à un seul colorant. Aussi, préparer le produit teintant en mélangeant plusieurs colorants. Procédez par petites quantités, jusqu'à obtention d'un volume teintant suffisant. Testez le résultat en réalisant sur une palette un peu de mélange avec l'émulsion et en l'appliquant dans un endroit peu visible. Ne vous croyez pas capable d'atteindre du premier coup la teinte voulue en versant le colorant

directement dans l'émulsion, au risque d'obtenir une teinte impossible à retoucher et de gâcher une grande quantité de peinture.

phénomènes de dilution

Malgré leur puissance, les pigments sont toujours un peu dilués quand ils sont mélangés au glacis. Pour tenir compte de ce phénomène, rechargez très légèrement le mélange en colorant si l'essai donne une tonalité trop fade.

quantités

Pour déterminer les quantités de produit nécessaires pour couvrir une surface donnée, fiez-vous aux indications portées sur l'emballage des produits – colorants comme glacis – plutôt qu'à certaines méthodes de calcul prétendument universelles. Comme il est impossible d'obtenir deux fois de suite exactement la même teinte, il faut la préparer en une seule fois même si l'on en fait un peu plus qu'il n'est nécessaire.

techniques

On peut classer les techniques pour la réalisation des effets en deux catégories, selon que l'on texture directement la surface à couvrir ou, au contraire, que l'on intervient sur la couche finale. Si quelques outils spécifiques correspondent à chaque technique, la plupart d'entre eux peuvent servir aux deux techniques, en donnant toutefois un effet souvent fort différent. Ainsi, le travail à l'éponge réalisé avant application de la couche finale est fort différent de celui obtenu en travaillant cette couche finale avec la même éponge.

travail à l'éponge

Trempez une éponge naturelle dans la couleur et exprimez le produit en excès avant de l'appliquer en touches légères sur la surface, avec de vives torsions du poignet. Progressez en variant la rotation du poignet et la face de l'éponge appliquée sur la surface pour créer un effet totalement aléatoire. Nettoyez l'éponge de temps à autre.

travail au chiffon

Appliquez le glacis à la queue-de-morue, puis tamponnez la couche fraîche avec un chiffon roulé en boule serrée. Travaillez sur une surface d'un mètre carré maximum à la fois, car la couleur sèche vite. Faites tourner le chiffon et variez

l'inclinaison du poignet en progressant. Quand le chiffon tend à rester collé dans la main et sur la surface, remplacez-le. Préparez donc une série de chiffons avant de commencer.

lissage

Sur la couche de glacis appliquée comme dans le cas précédent, passez la brosse à patine ou la brosse à effets de façon régulière. Veillez à appliquer les poils perpendiculairement à la surface et nettoyez-les dès qu'ils commencent à rester collés entre eux.

délavage

Cette technique – sans doute la plus simple – consiste à appliquer le glacis avec une brosse à adoucir en variant constamment l'angle des coups de brosse. En général, il faut appliquer au moins deux couches de cette manière pour obtenir une finition satisfaisante qui donne un effet de texture sensible à l'éclairage.

DÉCOR AU TAMPON

Les tampons constituent une technique alternative au pochoir pour appliquer des décors sur un fond peint. Divers éléments décoratifs – figuratifs, abstraits, géométriques – peuvent se combiner avec les techniques de peinture à effet et les enduits texturés.

• Garnissez la face du tampon de peinture au moyen d'un rouleau. Faites un essai sur une feuille de papier pour apprécier la charge de peinture en fonction de l'épaisseur des détails du motif à reproduire.

• Appliquez le tampon en le tenant bien droit pour ne pas déformer le motif. Pressez-le juste assez pour que le motif s'imprime nettement sans bavures. Retirez le tampon d'un mouvement rapide et bien perpendiculairement à la surface, de manière à ne pas estomper le motif. Rechargez le tampon en peinture avant chaque application, ou au maximum toutes les deux applications.

poser
du papier peint ⚒

La pose du papier peint nécessite une approche méthodique
et un souci constant du détail. Le choix du papier a beaucoup
d'importance et il faut prendre le temps d'en examiner
tous les aspects, esthétiques, pratiques et techniques.
Certains sont plus faciles à poser que d'autres avec parfois
des raccords délicats qui génèrent des chutes importantes.

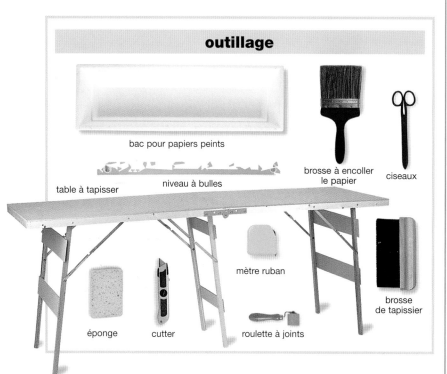

outillage

bac pour papiers peints

brosse à encoller
le papier

ciseaux

table à tapisser

niveau à bulles

mètre ruban

brosse
de tapisser

éponge

cutter

roulette à joints

Le départ ne peut se situer n'importe
où, car il détermine la position
des joints par rapport à l'éclairage
ambiant. L'alignement vertical est
essentiel au guidage de l'ensemble
des lés successifs. En général,
on part soit de l'angle le plus éloigné
de la porte donnant accès à la pièce,
soit du bord de la fenêtre, si celle-ci
fait face à la porte. Si vous avez
choisi un papier avec des motifs
de grandes dimensions, ils doivent
être centrés sur un petit côté ou
sur une cheminée en plein panneau.

1 Tracez le repère vertical
de départ du sol au plafond,
à une demi-largeur de lé d'un angle
ou d'un chambranle d'une fenêtre.

2 Encollez le premier lé et affichez-
le en faisant bien coïncider
son bord avec la ligne du point
de départ. Passez la brosse
de tapissier en diagonales croisées,
en partant du milieu et en remontant,
puis en redescendant.

3 Arasez la lisière supérieure du lé
à 5 mm de l'angle mur-plafond
(ou 5 mm au-dessus de la limite pour
une pose en astragale) et, en bas,
en suivant la lisière de la plinthe :
le rétrécissement lors du séchage
ramènera les lisières dans les angles.

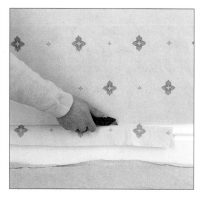

4 Posez les lés suivants en accolant
soigneusement leurs joints.
Veillez à respecter l'alignement
ou le raccord des motifs. Si un léger
décalage subsiste, faites glisser le lé
en poussant avec la paume des deux
mains pour avoir un raccord parfait
au niveau des yeux, endroit où tout
défaut est beaucoup plus visible.

Pour le plafond, évitez les papiers trop lourds qui risquent de se décoller et les papiers à grands motifs, inesthétiques. Il faut toujours tapisser un plafond en posant les lés dans le sens de la longueur, de manière à réduire le nombre de joints. L'affichage du premier lé est encore plus critique que sur les murs. Pour accéder au plafond en toute sécurité, construisez une plate-forme de travail (voir page 37). Demandez l'aide d'un assistant pour afficher les lés correctement. Si le plafond n'est pas très haut, vous pouvez porter les lés sur deux balais tenus à l'envers.

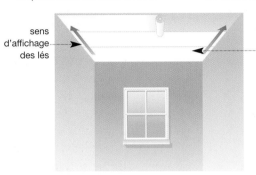

sens d'affichage des lés

Posez les lés dans le sens de la longueur du plafond pour minimiser le nombre de joints.

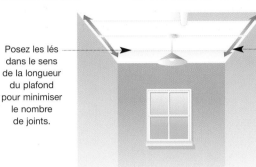

sens d'affichage des lés

Pour couvrir un plafond dépourvu de tout obstacle, partez du côté de la fenêtre et déroulez les lés vers l'autre mur.

Si le plafond comporte un obstacle (embase de lustre, par exemple) partez du milieu et marouflez chaque lé alternativement vers un côté puis l'autre.

poser du papier peint

115

joints invisibles

Dans certains endroits, accoler parfaitement les lés s'avère impossible ; notamment parce que les bords des lés ne tombent jamais de manière rectiligne (ce qui se produit toujours sur un angle saillant, et souvent dans un angle rentrant).

1 Posez le lé suivant en chevauchant celui qui couvre l'angle, en veillant au raccord des motifs.

2 Placez une longue règle ou un niveau au milieu de la bande de chevauchement et coupez du plafond vers le sol au moyen d'un cutter.

3 Décollez doucement les deux bandes ainsi libérées, essuyez les éventuelles bavures de colle, puis marouflez soigneusement le joint en pressant les lés l'un vers l'autre.

conseil sécurité

Avant d'appliquer un lé autour d'un appareil électrique (éclairage, prises), coupez l'alimentation électrique.

VÉRIFICATIONS

Avant de commencer à couper les lés, vérifiez les points suivants :

• **Nature du papier** – Déterminez s'il s'agit d'un produit classique ou de papier préencollé.

• **Lots** – Pour éviter les disparités de teinte, utilisez des rouleaux du même lot de fabrication.

• **Motif** – Si le papier est de type "à raccords", relevez la valeur du "saut" (indiquée sur l'étiquette).

conseil d'expert

Un papier à rayures, posé au plafond dans le sens de la longueur, donne l'impression d'allonger la pièce.

poser du carrelage ⌒⌒⌒

En dehors de son aspect décoratif, le carrelage offre divers avantages pratiques, à commencer par l'imperméabilité qu'il assure aux surfaces qu'il revêt. C'est pourquoi il reste le revêtement le plus utilisé pour les murs et le sol des cuisines, salles de bains et cabinets de toilette. Carreler nécessite, plus que toute autre forme de décoration, une méthodologie sans compromis et un respect méticuleux des lignes verticales et horizontales.

PRÉPARER LE CHANTIER

Aucun travail de qualité ne peut s'engager avant une préparation très soignée.

- **Tri des carreaux** – Ouvrez tous les paquets et mettez de côté les carreaux brisés ou fêlés, utilisables pour les raccords découpés.

- **Harmonisation** – Mélangez les carreaux afin d'atténuer les variations de tonalité et les répartir sur toute la surface carrelée, tout spécialement quand il s'agit de carreaux unis.

- **Gabarit de pose** – Sur une surface plane, alignez une rangée de carreaux avec leurs croisillons d'espacement. Posez une règle en bois le long de la rangée et reportez dessus l'emplacement des joints et la longueur exacte d'un nombre entier de carreaux. Ce gabarit vous permettra de trouver la disposition qui réduit au minimum les coupes de carreaux et les équilibre entre les côtés de la surface carrelée.

- **Croisillons** – Les croisillons d'espacement sont fournis en plaque. Séparez-en une grosse poignée avant de commencer la pose. Si vous en manquez, vous pouvez les remplacer par des morceaux d'allumettes.

- **Propreté du chantier** – Si l'on n'y prend garde, ce type de chantier accumule rapidement débris et déchets de produits divers. Conservez près de vous une poubelle et un seau d'eau avec une éponge et une serpillière.

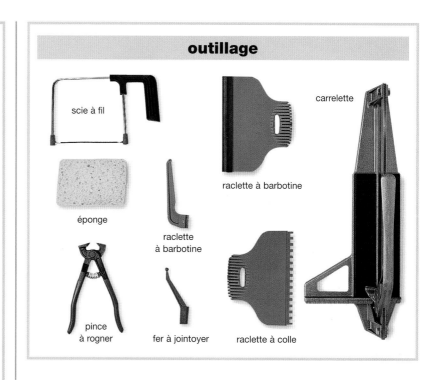

outillage

scie à fil

éponge

pince à rogner

raclette à barbotine

fer à jointoyer

carrelette

raclette à barbotine

raclette à colle

Quelques règles fondamentales s'appliquent à tous les types de carrelage.

1 Rarement bien horizontal, le rebord de la plinthe ne peut pas servir de point de départ à la première rangée de carreaux. Pour assurer une base parfaite, clouez sur le mur un tasseau horizontal au-dessus de la plinthe. Vous n'enlèverez ce tasseau que quand la rangée sera en place et la colle bien sèche. Vous compléterez ensuite jusqu'à la plinthe avec des carreaux recoupés à la demande.

2 Pour obtenir le même espacement entre les carreaux, insérez un croisillon dans la partie

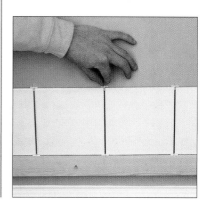

séquence opératoire

Quel que soit l'agencement de la pièce, les opérations doivent suivre un ordre rigoureux.

1 Posez tous les carreaux entiers.
2 Carrelez autour des obstacles.
3 Terminez les angles.
4 Posez les carreaux recoupés entre la base du carrelage et la plinthe.
5 Posez les éventuels listels.

1 carreaux entiers

2 couvrir autour des obstacles

5 Rangée de listels

4 carreaux recoupés à la demande

3 fermeture des angles

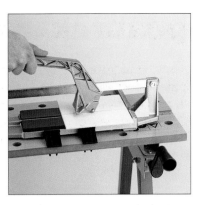

n'étant utile que pour la pose de plus d'une centaine de carreaux.

2 Calez le carreau contre la butée graduée en alignant précisément le trait de coupe sur l'encoche. Abaissez la roulette sur le carreau et maintenez fermement celui-ci pendant que vous ramenez le chariot en arrière.

supérieure de chaque joint. Quand vous aurez posé la rangée supérieure, vous pouvez enfoncer les croisillons dans la colle. Ils seront ensuite noyés dans la barbotine.

3 Étalez la barbotine sur une partie de la zone carrelée (1 m² environ) avec la raclette à lame de caoutchouc. Faites de grands mouvements croisés, puis repassez dans le sens des joints pour qu'il n'y subsiste aucun interstice.

les joints avec un fer à jointoyer passé d'un mouvement régulier.

couper les carreaux

Effectuez les coupes droites comme les courbes au fur et à mesure des besoins.

coupes droites

1 Dès que vous devez couper plus d'une demi-douzaine de carreaux, une carrelette vous fera gagner bien du temps par rapport à la pince coupe-carreaux ; une machine électrique

découpes courbes

Une scie spéciale à fil abrasif permet de réaliser une coupe nette en suivant avec précision un tracé. Pour une découpe intérieure au carreau, amorcez en perçant un trou, puis passez le fil et refermez la monture.

4 Avant qu'elle ne soit sèche, essuyez la barbotine qui macule les carreaux avec une éponge fréquemment rincée. Lissez ensuite

117

texturer un crépi au plafond ⤴⤴

Assez courante sur les crépis muraux, la texturation peut aussi s'appliquer à un plafond, chaque fois que l'on déplore la nudité de cette grande surface et que l'on veut l'intégrer dans la décoration de la pièce. Le crépi à texturer peut être appliqué sur un fond en plâtre ou en carreaux de plâtre convenablement préparé, mais en aucun cas sur une surface recouverte de papier peint, même si celui-ci est peint et semble bien tenir.

outillage

Voici quelques-uns des outils les plus fréquemment employés pour texturer un crépi, en dehors d'accessoires comme un cul-de-bouteille ou un balai de coco. Choisissez dans cette panoplie celui qui vous permettra d'obtenir le type de décor souhaité.

brosse
à poils durs

peigne simple

peigne
combiné

agitateur

taloche
à picots

taloche lisse

rouleau à picots

couteau
à enduire

est réalisé en plaques de plâtre, masquez les joints avec du ruban et de l'enduit (voir pages 84-85).

2 Préparez le crépi à l'eau dans un seau en respectant les consignes de mise en œuvre du fabricant et teintez-le si vous le souhaitez. Un agitateur placé dans le mandrin d'une perceuse permet d'obtenir un mélange bien homogène.

crépir et texturer

Déterminez le type de motif que vous voulez imprimer dans la couche de crépi et choisissez l'outil correspondant. Nous présentons ici un décor obtenu par tamponnage avec une brosse à poils durs et la taloche à picots.

1 La surface d'application du crépi doit être parfaitement sèche et lisse. Décollez le papier peint ou décapez la peinture éventuelle, puis obturez tous les trous et fissures (voir pages 108-109). Si le plafond

👍 conseil d'expert

Vous serez dans de meilleures conditions pour obtenir un bon résultat en travaillant sur une plate-forme (voir page 37), plutôt que sur une double échelle à déplacer sans cesse.

RUBAN À JOINTS STANDARD

Avant l'apparition du ruban adhésif, on utilisait un ruban collé sur les joints par l'enduit de jointoiement. Cette technique conserve la préférence des puristes. Le ruban est d'abord imbibé d'eau, apposé sur les joints ou les fentes à masquer, puis recouvert d'enduit forcé à la truelle.

3 Appliquez d'abord le crépi sur les rubans de masquage des joints ou les zones rebouchées, au moyen du couteau à enduire. Attendez que cet enduit sèche avant de crépir l'ensemble du plafond.

4 En général, on travaille à la taloche ou au rouleau muni d'un manchon spécial. Pour une texturation légère, vous pouvez appliquer le crépi directement à la brosse. Couvrez environ 1 m² et texturez la couche avant que le produit ne sèche.

conseils d'expert

Travaillez à deux, vous aurez ainsi un meilleur résultat sur une surface importante, et vous ne devrez pas échelonner le travail en plusieurs étapes. Un opérateur applique le crépi et l'autre passe immédiatement derrière pour effectuer la texturation. Avant d'attaquer une grande surface, entraînez-vous sur une plaque de plâtre pour bien vous synchroniser les mouvements. Plus la texturation est profonde, plus elle requiert d'habileté.

5 Texturez la couche fraîche de crépi en pressant la taloche à picots bien à plat sur la surface puis en la retirant toujours avec un mouvement perpendiculaire à la surface. Travaillez toute la surface en faisant légèrement chevaucher les impressions et en variant l'angle d'apposition de l'outil. Crépissez ensuite le mètre carré adjacent et recommencez l'opération jusqu'à couverture complète du plafond.

6 Pour obtenir des bordures nettes, passez autour du plafond et au ras des murs une petite queue-de-morue trempée dans l'eau, d'un mouvement lent et régulier.

conseil d'expert

Vous pouvez vernir ou peindre le crépi, afin de le mettre en valeur et faciliter son nettoyage périodique.

La finition texturée de ce vaste plafond s'harmonise parfaitement avec les corniches et la rosace. Notez les murs tapissés en astragale.

réparation
et restauration

Un amateur s'attaque rarement
à des chantiers aussi importants
que la reconstruction complète
de plafonds ou de murs. En pratique,
la grande majorité des travaux entrepris
par les bricoleurs concerne la remise
en état des ouvrages et la réparation
de dommages d'origines diverses
(vieillissement, affaissement, humidité,
chocs accidentels). Même si l'on peut
souvent mener à bien ces opérations
assez rapidement, elles ne doivent
jamais être bâclées ni entreprises
sans une petite étude préalable. Il importe
en effet de déceler des causes cachées
derrière la raison apparente du désordre
à réparer et d'y remédier avant d'effectuer
la réfection proprement dite. D'autre
part, un chantier de réparation peut
fort opportunément s'accompagner
d'une remise en état des revêtements
et finitions. Nous décrivons dans
ce chapitre les travaux de remise
en état les plus typiques.

Le lambrissage est un moyen élégant
pour recouvrir un mur en piteux état
et retrouver un décor agréable.

petites réparations ↗

Même dans une construction récente, il est rare que l'on puisse réaliser un revêtement décoratif sans procéder au préalable à quelques petites remises en état des surfaces à recouvrir, aux murs comme au plafond. Sous réserve qu'ils ne dénotent pas un désordre sous-jacent plus important, les petits défauts peuvent être réparés facilement en quelques heures.

plafonds

outillage

marteau
chasse-clou
couteau de vitrier
cutter
couteau à enduire
platoir ou raclette
brosse à rechampir

Certes, les plafonds souffrent moins que les murs, puisqu'ils n'ont pas à subir les chocs et éraflures dus aux passages des occupants et aux déplacements de meubles. Ils ne sont pas pour autant exempts d'altérations, dues en particulier aux vibrations (pour les plafonds situés sous une partie habitée) et parfois aux effets secondaires d'un affaissement. Les fissures sont le résultat apparent de ces altérations.

masquer les têtes de pointes

Dans les constructions anciennes, il arrive que les pointes ressortent progressivement, spécialement si l'ouvrage est réalisé en plaques de plâtre clouées avec des pointes ordinaires. Le phénomène est toutefois plus fréquent dans le plafond d'une extension porté par des lambourdes de section un peu trop chiche ou en bois de qualité médiocre qui a travaillé ; ces désordres peuvent éjecter partiellement certaines pointes.

1 Enfoncez la pointe bien au-dessous de la surface au moyen du chasse-clou appliqué verticalement. Mais si elle branle trop, arrachez-la et remplacez-la par une vis.

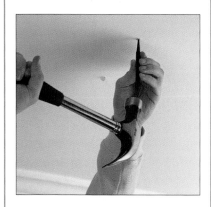

2 Mastiquez l'orifice avec un reboucheur universel. Quand il est bien sec, poncez la surface.

fissures au plafond

Les fissures ne sont pas l'apanage des plafonds anciens. Elles apparaissent souvent sur un plafond en plaques de plâtre récent, posé sur une structure insuffisamment rigide. Si les fissures sont limitées, il suffit

d'appliquer un enduit de rebouchage. Dans le cas de lézardes, il faut soit refaire l'ouvrage, soit le doubler d'un plafond suspendu.

1 Ouvrez la fissure en V au moyen d'un cutter robuste, en éliminant toutes les parties qui n'adhèrent pas parfaitement.

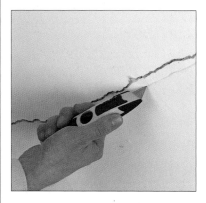

2 Comblez la rainure avec un mastic de rebouchage appliqué au couteau de vitrier, avec une passe ultime où la lame de l'outil s'appuie sur la surface saine de chaque côté de la rainure. Finissez le travail par un ponçage quand le mastic est bien sec.

FISSURES PERSISTANTES

Si les fissures réapparaissent aux mêmes endroits dans l'année qui suit la réparation, mais qu'elles ne s'élargissent pas, mieux vaut recouvrir la surface de papier peint. Mais si le papier se fend lui aussi, cela trahit un désordre dans la structure du plafond qui doit être refait ou doublé.

murs

En plus des têtes de pointes qui ressortent, les murs connaissent bien d'autres désordres qui surviennent au fil des ans. Cependant, la plupart se réparent aisément et rapidement.

entailles et boursouflures

Il est difficile d'éviter que les murs – surtout ceux qui bordent un lieu de fort passage – ne finissent par porter des marques de coups et griffures. Il faut les effacer avant d'entreprendre tout travail de décoration.

1 Sur un petit enfoncement, brossez la surface pour éliminer tous les débris pulvérulents, puis comblez avec un mastic reboucheur universel appliqué au couteau.

2 Pour combler un trou plus important, appliquez le mastic avec une raclette ou un platoir, en superposant plusieurs couches.

décollement des joints

Les bandes appliquées pour masquer les joints entre les plaques de plâtre arrivent parfois à se décoller si elles n'ont pas été correctement appliquées et sous l'effet de microdéplacements des plaques. Il est inutile de tenter de les recoller ; seul le remplacement des parties non adhésives peut restaurer une surface apte à recevoir un revêtement.

1 Arrachez complètement toute la bande qui ne tient plus et détachez-la avec un cutter au ras de la partie qui résiste toujours à l'arrachement (sans forcer).

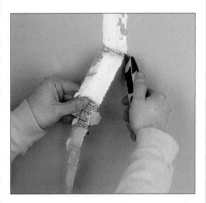

2 Après un ponçage grossier, brossez la surface remise à nue avant de collez une bande de jointoiement neuve.

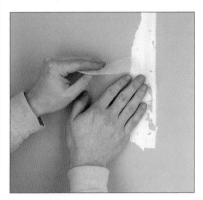

3 Appliquez l'enduit de jointoiement au couteau à enduire en débordant de chaque côté de la bande. Quand l'enduit est bien sec, poncez finement la zone réparée.

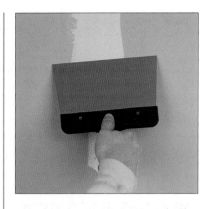

jonction plafond/murs

Les fissures, voire les lézardes, apparaissent souvent dans les angles entre les murs et le plafond, dans les constructions anciennes, ou même dans une construction neuve subissant un phénomène d'affaissement.

1 Comblez la fissure avec du mastic reboucheur universel appliqué avec le bout d'un doigt mouillé.

2 Moulez le mastic avec une brosse à rechampir humide. Laissez sécher et poncez délicatement.

rénover un plafond ⚒⚒⚒

Quand on a décapé un plafond pour refaire sa décoration, il arrive souvent que l'on doive faire face à des réparations plus importantes que prévues. Dans les cas extrêmes, on peut même envisager de le démolir pour le reconstruire (voir page 66). Fort heureusement, une remise en état relativement simple suffit souvent, comme l'application d'une couche de plâtre neuf. Nous présentons ici les opérations les plus simples, fréquemment nécessaires en la circonstance.

vieux plafonds texturés

Le décor structuré d'un plafond plaît à certains, mais désole les autres : affaire de goût. On doit admettre que certains crépis texturés très anciens vieillissent très mal et que l'on peut leur préférer une surface plane et unie sans passer pour rétrograde. Pour décaper le crépi texturé, une décolleuse à papier peint est très pratique, sous réserve de bien suivre les indications de son mode d'emploi. Pour cette opération, portez gants, lunettes de protection et vêtements serrés au cou et aux poignets. Certains crépis épais résistent à l'action de la décolleuse la plus puissante. Vous pouvez alors replâtrer par-dessus le crépi (résultats douteux avec le temps), poser un faux plafond, ou rénover le vieux crépi. Nous expliquons ici comment conduire cette dernière opération.

outillage

grattoir ou truelle Berthelet

queue-de-morue ou brosse à colle

platoir

bac ou seau et mélangeur

1 Arasez les rugosités du crépi avec un grattoir. Le nouvel enduit adhérera d'autant mieux à la surface que celle-ci aura été aplanie. La truelle Berthelet s'avère souvent plus pratique et accélère le travail : grattez d'abord avec le côté dentelé, puis terminez avec le côté lisse de la lame.

2 Appliquez une résine d'accrochage, préparée selon les instructions portées sur son emballage, afin de stabiliser la surface.

3 Gâchez le plâtre (voir page 87) et couvrez la surface avec le platoir.

La couche doit être assez épaisse pour combler complètement toutes les irrégularités de la surface, ce qui impose généralement d'appliquer deux couches successives.

PEINTURE À EFFETS

On peut restaurer un plafond couvert de fines craquelures ou dont la surface est devenue grossièrement granuleuse en y appliquant une peinture à effets. En choisissant un effet qui s'harmonise avec le défaut (craquelé, écorcé, tweedé ou toilé, par exemple), on obtient un résultat qui s'apparente à un crépi texturé, moyennant un travail bien plus simple. Brossez énergiquement la surface avec une brosse dure, aspirez la poussière, puis appliquez la peinture spéciale avec un rouleau en mousse de plastique.

papier texturé au plafond

Plutôt qu'un crépi texturé dont la réalisation demande beaucoup d'habileté, vous pouvez décorer un plafond en le tapissant avec un papier gaufré. Ce type de papier assez lourd nécessite une colle puissante et doit être manipulé avec le plus grand soin pour ne pas endommager le relief.

outillage

cordeau à tracer

brosse à colle

brosse à maroufler

ciseaux

crayon

cutter

1 Tracez au cordeau une ligne guide perpendiculaire aux petits côtés, à une distance d'environ 2/3 de largeur de lé d'un grand côté. Affichez le lé en suivant cette ligne et forcez le débord dans l'angle avec le mur.

2 Marouflez le papier en passes diagonales en partant du milieu du lé pour progresser alternativement vers ses extrémités et en insistant sur le bord contre l'angle. Pour

ne pas écraser le décor, mieux vaut modérer la pression sur la brosse et maroufler en deux ou trois passes.

3 Marquez l'angle mur–plafond avec le tranchant de la lame d'un couteau à enduire ou d'une raclette, puis arasez les bords des lés latéraux sur ce marquage, avec un cutter ou des ciseaux bien affûtés. Repassez la brosse à maroufler dans l'angle.

4 Veillez à ne pas écraser le gaufrage au niveau des joints entre lés et éliminez les bavures de colle avec une éponge juste humide.

conseil d'expert

Le papier peint texturé nécessite un encollage très soigné et plus généreux qu'un papier ordinaire, moins lourd.

Un papier lourd à petits motifs crée une ambiance plus dynamique et arrive généralement à masquer les faibles ondulations à la surface du plafond.

rénover des poutres apparentes ⚒⚒

Passées de mode à une certaine époque, les poutres apparentes ont retrouvé de nombreux adeptes. Malheureusement, beaucoup de ces plafonds ont été recouverts d'un très grand nombre de couches de peinture de différentes teintes et ils ont aussi souffert des attaques du temps mais aussi d'insectes. L'humidité a fait aussi ressortir des moisissures. Au prix d'un travail long et parfois fastidieux, on peut généralement restituer tout son charme à ce type de plafond.

outillage

décapeur thermique
gel décapant
grattoir triangulaire ou couteau
brosse métallique à main
brosse métallique pour perceuse
perceuse électroportative
brosse de ménage et éponge
brosses de peintre
couteau à enduire

Commencez par examiner avec soin l'état des poutres, sous l'éclairage puissant d'une lampe torche ou d'une baladeuse. Sondez les parties qui semblent très abîmées avec la lame d'un canif : si elle entre sans résistance, le bois est profondément atteint. Si les dommages sont importants, mieux vaut remplacer les poutres. Mais le bricoleur trouve dans les commerces spécialisés toute la panoplie des produits qui permettent de les décaper, les traiter et leur restituer un aspect naturel. Si les poutres sont tapissées, décollez le papier peint ; si elles sont peintes, décapez toute la peinture, soit avec un décapant chimique, soit avec un décapeur thermique, préférable à une lampe à souder.

✋ conseil sécurité

Avant de remplacer une poutre trop endommagée, étayez le plafond au moyen d'étançons tubulaires réglables. Placez une planche sous leur base et une autre sous la partie à soutenir.

1 Éliminez le maximum de peinture au moyen du décapeur thermique. Les nouveaux modèles à bec grattoir évitent de manier le décapeur d'une main et un couteau de vitrier de l'autre.

2 Si la peinture résiste au fond des fissures du bois, appliquez un décapant chimique ; un produit en bombe aérosol pénètre mieux dans les fissures. Laissez le produit agir, puis éliminez la pâte produite par la réaction avec un grattoir ou d'un couteau de vitrier.

3 Terminez le nettoyage par un brossage énergique au moyen d'une brosse rotative

✋ conseil sécurité

Les décapeurs chimiques sont très corrosifs. Pour les appliquer au-dessus de la tête, portez de sérieuses protections : lunettes, cagoule, vêtement imperméable, gants. Protégez également le sol et les meubles situés en dessous avec des bâches ou des feuilles de plastique.

métallique placée dans le mandrin d'une perceuse portative, en progressant dans le sens du fil du bois.

4 Utilisez une brosse métallique à main pour terminer le décapage dans les recoins et sur les angles.

5 Si les poutres sont seulement très encrassées, par la fumée notamment, il suffit de bien les brosser avec une lessive de cristaux de soude. Protégez-vous avec gants, lunettes et vêtements imperméables. Rincez ensuite à l'eau claire avec une éponge.

6 Arrachez tous les clous et toutes les vis. Obturez ensuite les trous et les fentes avec de la pâte à bois appliquée au moyen du couteau de vitrier. Quand cette pâte a durci, poncez-la au papier abrasif fin (grade 120-160).

7 Laissez les poutres sécher complètement, au besoin en ventilant la pièce toutes fenêtres

conseil d'expert

Pour que le produit ne coule pas sur le manche de la brosse (et dans votre manche!) quand vous travaillez en l'air, collez un cône en carton autour de la virole, au moyen d'un ruban adhésif.

---

ouvertes, pendant 24 à 48 heures, selon les conditions météorologiques. Appliquez sur le bois un produit de traitement insecticide et fongicide, éventuellement teintant, en suivant bien les indications du fabricant. Pour manipuler ce produit en l'air, portez des gants et des lunettes.

8 En général, la teinte des poutres décapées n'est pas uniforme, ce qui est assez inesthétique. Pour leur redonner un aspect "naturel", la solution classique consiste à les passer au brou de noix, au moyen d'une brosse de peintre.

tapisser entre les poutres

Les angles entre les poutres et le plafond n'étant jamais rectilignes, l'arasement du papier peint se fait toujours simplement mais impose de travailler avec le plus grand soin.

1 Relevez la plus grande distance entre deux poutres et ajoutez 6 cm pour obtenir la largeur

---

à laquelle vous devez couper les lés. Faites cette opération pour chaque rangée de poutres, car l'espacement est rarement régulier.

2 Utilisez une colle performante, adaptée à la nature du papier. Sur des surfaces bien propres et sèches, affichez chaque lé en le retenant avec un balai ou un tasseau cloué au bout d'un manche.

3 Plaquez le papier dans l'angle avec la brosse à maroufler puis marquez l'angle avec la lame d'un couteau à enduire ou le bout des ciseaux afin de l'araser avec précision.

réparer corniches et moulures ⚒⚒

Les frises, rosaces et corniches qui ornent souvent les plafonds des logements anciens sont parfois détériorées, par exemple à la suite des chocs provoqués en déplaçant une armoire. Les petits dégâts se réparent assez aisément, même s'il faut reconstituer un élément d'une dizaine de centimètres de long. En revanche, les dommages provoqués par une infiltration d'eau sont plus inquiétants et nécessitent un chantier de réparation plus étendu et complexe.

refaire une partie cassée

Une moulure moderne en matière synthétique ne se répare pas. Pour remettre en état la partie endommagée, il faut tailler la section touchée et la décoller. Grattez soigneusement la surface avant de recoller un élément neuf taillé avec précision aux dimensions de la section remplacée. Les éléments en plâtre offrent justement l'intérêt de pouvoir être réparés *in situ*, si la partie cassée ne dépasse pas quelques centimètres, ce qui est généralement le cas.

outillage

scie à dos
scie à guichet
crayon
lime queue-de-rat
couteau de vitrier
truelle langue-de-chat

1 Découpez la moulure de part et d'autre de la partie endommagée, au moyen de la scie

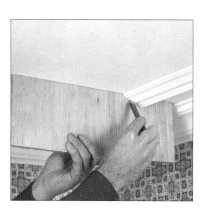

à guichet. Sciez perpendiculairement et veillez à ne pas attaquer le plafond ou le mur. Plaquez une planchette (un morceau de contreplaqué de 8 ou 10 mm d'épaisseur) contre un côté de la découpe et reportez le profil de la moulure sur une de ses faces.

2 Découpez le profil à la scie à guichet (ou avec une scie de modéliste) en restant à l'intérieur du tracé. Finissez la découpe jusqu'au tracé avec une lime queue-de-rat jusqu'à ce que cette découpe colle parfaitement au profil de la moulure.

3 Clouez (avec des pointes fines) un tasseau parallèle à la moulure, à environ 20 cm

👍

conseil d'expert

Pour un profil de grande largeur, comme une corniche, vous pouvez renforcer la réparation en y noyant du tissu. Pour cela, utilisez de la gaze à pansement ou un morceau de sac en toile de jute. Pour une meilleure adhérence sur la paroi piquez en biais une ou deux pointes galvanisées.

de celle-ci. Ce tasseau permet de guider le mouvement du gabarit de profil parallèlement à la surface. Reportez son profil sur la planchette de gabarit et pratiquez la découpe correspondante.

Comblez la partie de moulure enlevée avec un plâtre à modeler appliqué à la truelle langue-de-chat, en suivant le profil approximatif de la moulure. Il vaut mieux appliquer un peu trop de plâtre que pas assez.

4 Le plâtre ayant commencé à prendre (après 10 min. environ), présentez le gabarit sur le tasseau de guidage et raclez le plâtre frais d'un mouvement lent en tirant vers vous.

5 Éliminez les bavures de plâtre sur les surfaces au couteau de vitrier. Attendez au moins deux heures, pour que le plâtre soit bien sec et dur, puis poncez la réfection avec un papier abrasif très fin (grade 160 à 200).

poser un éclairage derrière une corniche

Un chantier de rénovation offre l'opportunité de remplacer une partie des corniches par des éléments masquant des spots ou tubes d'éclairage qui remplacent le lustre central du plafond.
Il ne faut utiliser pour cette application que des éléments en plâtre, les seuls qui peuvent les tenir sans problème à la chaleur dégagée par l'éclairage.

outillage

mètre ruban
boîte à onglets
scie à dos
spatule ou couteau à enduire
couteau de vitrier
tournevis d'électricien

conseil d'expert

Pour dégager le moins de chaleur possible, posez un éclairage à tubes fluorescents ou, mieux encore, des ampoules à basse consommation, plutôt que des lampes halogènes.

1 La corniche éclairante se pose sur une moulure pour laisser place à l'appareil d'éclairage. Découpez-la comme une corniche collée directement au mur (voir page 92), avec une scie à dos et une boîte à onglets.

2 Tracez l'emplacement de la base de la corniche et celui de la moulure intermédiaire. Câblez l'alimentation de l'éclairage. Fixez le support de l'appareil d'éclairage.

3 Raccordez l'appareil d'éclairage. Encollez le dos de la corniche, placez-la et renforcez sa fixation par clouage (voir page 93).

conseil sécurité

Avant de travailler sur le circuit électrique pour réaliser l'alimentation des appareils d'éclairage, coupez l'électricité au tableau d'abonné.

RECONSTRUIRE UN ANGLE SAILLANT

Dans des demeures anciennes, on trouve des moulures verticales bordant un angle saillant, notamment en architrave ou sur l'entourage de l'embrasure d'une fenêtre.
Ces décors sont particulièrement exposés aux chocs à hauteur d'homme, spécialement à environ 1 m de hauteur (dossier de chaise, charge transportée). Selon la nature de la moulure, la réparation s'effectue avec du plâtre à modeler ou un enduit de rebouchage, éventuellement coloré.

Regarnissez la partie endommagée avec un couteau de vitrier (ci-dessus). Recouvrez-la d'une feuille de bristol pliée à l'équerre (ci-dessous). Éliminez les bavures de part et d'autre de la réparation. Attendez 24 heures avant de démouler et de poncer.

boucher un trou dans un mur 〃〃〃

Contrairement à ce que l'on pourrait penser, il est plus facile de réparer un trou
dans un mur maçonné – en briques ou en parpaings – que dans une cloison creuse.
Toutefois, intervenez d'abord sur la cause des dégâts si ceux-ci se manifestent par un décollement
localisé du plâtre. De plus, il est pratiquement impossible de retrouver l'aspect initial d'un parement
plâtré et il faut refaire la décoration de l'ensemble du parement, voire de toute la pièce.

outillage

massette

ciseau à froid

gants de travail

lunettes de sécurité

brosse à poils durs

brosse de peintre usagée

truelle à bout rond

platoir

1 Grattez tous les débris pulvérulents qui n'adhèrent plus à l'ouvrage, puis décollez au ciseau à froid les parties de mortier ou de plâtre qui n'apparaissent pas saines. Travaillez avec des gants et portez des lunettes de sécurité car vous risquez de recevoir sur le visage des projections de débris de maçonnerie.

2 Nettoyez soigneusement toute la partie remise à nu au moyen d'une brosse à poils durs, en insistant sur la partie inférieure, là où la poussière s'accumule. Récupérez les débris, mettez-les dans un sac poubelle et balayez la zone afin de poursuivre sur un chantier propre.

3 Préparez une résine d'accrochage selon les proportions préconisées sur le mode d'emploi (en général 5 parts d'eau pour 1 part d'adjuvant) et appliquez-la généreusement en débordant sur les côtés de l'ouverture.

4 Gâchez du plâtre allégé (appellation commerciale : "enduit de dégrossissage") et appliquez-le à la truelle dans le trou. Pressez fermement sur les bords, de manière à ce que le plâtre s'infiltre dans tous les interstices. Pour combler un trou dont la surface dépasse la taille de deux mains, un platoir permet d'opérer plus vite, mais il faut finir à la truelle.

5 Avant que le plâtre n'ait pris, assurez-vous que le rebouchage ne dépasse pas le plan de la surface du parement environnant et arasez-la si nécessaire. Scarifiez aussitôt la surface du plâtre fraîchement apposé avec le tranchant de la truelle.

👍 conseil d'expert

Vous pouvez vous dispenser d'employer deux types de plâtre différents (de construction et de surfaçage) si la surface doit être ensuite recouverte d'un revêtement tel que le papier peint, les lambris, le carrelage ou le tissu mural. Si vous la peignez, finissez la surface réparée avec un enduit de lissage.

6 Sans attendre que le plâtre soit sec, mais seulement dur sous la pression des doigts, finissez de combler la zone réparée avec un enduit de lissage appliqué au platoir jusqu'au niveau du plan du parement réparé.

TYPES DE DÉGÂTS

• **Cavités profondes** – Quand la profondeur de la cavité dépasse l'épaisseur d'un doigt, comblez-la en deux fois : un "graissage" appliqué au platoir sur 1 à 2 cm, suivi d'une couche de "lissage" appliquée au couteau à enduire, depuis les bords vers le milieu. Si la cavité est encore plus profonde, reconstruisez la maçonnerie du fond avec un gobetis de ciment et laissez-le complètement sécher avant de terminer le rebouchage au plâtre.

• **Écaillement** – Si les dégâts n'affectent que la partie superficielle de la couche de plâtre, vous pouvez restaurer la surface tout simplement avec un enduit de rebouchage universel. Néanmoins, assurez-vous d'abord que cet écaillement ne résulte pas du gonflement de la couche de plâtre qui s'est localement décollé de la maçonnerie qu'elle recouvre. Tapotez la zone suspecte avec le bout du manche d'une truelle : si elle rend un son creux, insérez un tournevis au milieu pour vérifier qu'il existe bien un décollement. Il faut alors éliminer toute la partie décollée avant de reboucher.

7 Égalisez la surface dans le plan du parement en tirant une règle (confectionnée dans un morceau de tasseau) dont la longueur dépasse d'environ une largeur de main de chaque côté de la plus grande dimension de la réparation.

8 Laissez le plâtre sécher complètement : quand il a fini sa prise, il devient complètement froid et les doigts ne marquent plus sur sa surface. Mouillez la lame du platoir.

conseil d'expert

Le plâtre est très sensible à la propreté des outils employés pour le mettre en œuvre et la rapidité de sa prise rend difficile la rectification d'éventuels défauts. Aussi faut-il garder à portée de main un seau d'eau propre avec une éponge pour nettoyer les outils fréquemment. L'éponge sert également à éliminer les bavures de plâtre autour de la zone réparée. Si la restauration est importante, vous pouvez employer un plâtre à prise retardée qui laisse 15 à 20 minutes de répit avant prise (mais il est plus cher).

9 Lissez la surface réparée en y passant le platoir à plat. Normalement, la surface ainsi obtenue est suffisamment lisse pour y appliquer directement du papier peint. Si vous voulez la peindre, poncez avec précaution en débordant largement.

FINITIONS

• **Séchage naturel** – Un bricoleur pressé peut être tenté d'accélérer le séchage du plâtre en soufflant de l'air chaud, par exemple avec un sèche-cheveux. Le seul résultat avéré de cette méthode est de provoquer la fissuration de couche, soit immédiatement, soit à brève échéance. Cependant, si la température ambiante est inférieure à 12 °C, vous pouvez chauffer la pièce pour laisser le plâtre sécher dans de bonnes conditions.

• **Apprêtage** – Il n'est pas recommandé de peindre sur du plâtre neuf, surtout s'il faut refaire un parement dont la partie saine est déjà peinte. Appliquez sur la surface un apprêt acrylique faiblement dilué (10 volumes pour 1 volume d'eau).

• **Tapissage** – Si plusieurs réparations ont été nécessaires sur un mur et que vous voulez le recouvrir de papier peint, il faut soit y apposer d'abord un papier d'apprêt, soit griffer toute la surface avec un papier abrasif grossier (grade 40) et appliquer une résine d'imperméabilisation.

réparer un angle saillant ⚞

Les angles saillants sont très exposés aux dégradations lors du transport d'objets ou du déplacement de meubles. L'expérience prouve que la dégradation ne fait que gagner du terrain si on n'agit pas assez tôt, imposant alors un travail de réfection plus important. Néanmoins, si les dégâts résultent de l'éclatement d'une boursouflure du parement, cherchez d'abord la cause, qui est souvent l'humidité, et traitez-la avant d'effectuer la remise en état.

dégâts limités

Si l'angle est simplement écorné, vous pouvez obturer les éclats avec du plâtre à modeler ou un mastic de rebouchage universel, comme pour les arêtes d'une moulure (voir page 129).

outillage

scie à panneaux

marteau

couteau à enduire

👍 conseil d'expert

Pour imperméabiliser le plâtre neuf, appliquez à la brosse un enduit obtenu en faisant fondre au bain-marie, sur un réchaud électrique et loin de toute flamme, 100 g de cire blanche dans 400 g d'essence de térébenthine.

1 Clouez contre l'angle un petit tasseau dépassant les bords de la cavité, son petit chant bien aligné avec l'autre face de l'angle.

2 Comblez la cavité avec un mastic de rebouchage universel ou du plâtre à modeler. Forcez-le au moyen d'un couteau de vitrier jusqu'à affleurer complètement entre la surface et le chant du tasseau. Décapez tout de suite les bavures.

3 Quand le rebouchage ne colle plus sous le bout des doigts, déclouez le tasseau et appointez-le sur l'autre face de l'angle. Complétez alors l'obturation du trou comme précédemment, dans le plan de la surface du parement.

4 Retirez le tasseau dès que le plâtre est sec et obturez les trous laissés par ses pointes. Laissez le plâtre sécher et durcir complètement (la durée après laquelle vous pouvez le travailler est indiquée sur l'emballage du produit) avant de poncer la zone restaurée. Repassez un enduit de lissage si nécessaire.

réfection complète

Quand les dégâts touchent une partie importante de l'angle, surtout si la maçonnerie sous-jacente apparaît à nu, il faut procéder à une véritable reconstruction, avec insertion d'une cornière de renfort, après avoir cassé les parties intactes entre les trous.

outillage

scie à métaux

truelle à bout rond

platoir

1 Coupez la cornière de renfort à la longueur correspondant à la partie à reconstruire, de préférence avec une scie à métaux pour avoir une coupe plus franche.

2 Appliquez au moyen d'une truelle ou d'un couteau de vitrier des plots de plâtre (gâché comme pour une couche de graissage) ou de mastic reboucheur universel dans la cavité, tous les 30 cm environ.

3 Pressez la cornière au fond de la cavité en écrasant les plots encore frais, en l'appliquant sur la médiane de l'angle et en veillant à ce que son arête affleure juste au-dessous de l'intersection des deux faces.

4 Arasez le plâtre ou le reboucheur qui a reflué sur chaque face de l'angle. Revérifiez

le positionnement de la cornière et rectifiez si nécessaire avant que les plots soient complètement durs.

5 Laissez les plots durcir complètement. Préparez du plâtre de finition et appliquez-le alternativement de chaque côté de l'angle au moyen du platoir. Tenez l'outil à peu près horizontal, son bord supérieur bien plaqué sur la surface. Pressez-le en descendant sur un côté, puis sur l'autre, jusqu'à remplissage complet de la cavité. En procédant exactement de cette manière, vous arriverez à reconstruire un angle parfaitement vif qui englobera complètement la cornière, avec des faces bien alignées dans le plan des surfaces des parements.

👍
conseil d'expert

Il existe des couteaux à enduire les angles intérieurs qui simplifient considérablement l'application et le lissage des enduits à l'intérieur d'angles rentrants à 90°.

Dans les constructions anciennes, on trouve des angles saillants couvrant un angle supérieur à 90° en divers endroits, en particulier autour des ouvertures. La reconstruction d'un tel angle doit privilégier l'alignement du plan de chacune des deux faces.

outillage

platoir plat

platoir-cornière

1 Garnissez l'angle de plâtre avec le platoir en faisant coller celui-ci successivement contre chacune des faces de l'angle.

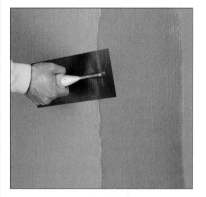

2 Terminez l'angle au moyen d'un platoir-cornière, que vous pouvez confectionner avec une tôle d'acier inoxydable, mouillé avant de le passer pour lisser la réparation, en mouchant l'arête vive de l'angle.

réparer les boiseries ///

Les dégâts accidentels affectant les boiseries murales – plinthes, moulures, lambris – doivent être réparés avant que l'humidité ne vienne attaquer le bois dépourvu à cet endroit de sa protection (peinture, lasure ou vernis). Les petits éclats se rebouchent au moyen de pâte à bois, mais les détériorations importantes nécessitent le remplacement de la partie endommagée. En revanche, les dégâts dus aux insectes ou aux champignons demandent un traitement de fond.

plinthes

Outre leur aspect décoratif, les plinthes ont également un rôle important pour protéger la base des murs contre les chocs et raclements. De ce fait, elles peuvent être endommagées, même si les dégâts sont souvent limités à quelques encoches. Néanmoins, des chocs répétés peuvent aboutir à des dégâts plus graves, en particulier quand une partie de la plinthe se décolle du mur. Il faut alors remplacer la partie détériorée.

outillage

pince à décoffrer

gants de travail

scie à dos

boîte à onglets

marteau

mètre ruban

chasse-clou

1 Décollez la plinthe du mur au moyen de la pince à décoffrer, en veillant à ne pas endommager

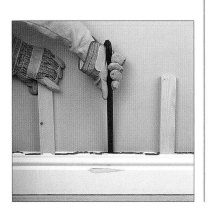

le mur. Dès que l'interstice est suffisant, insérez derrière la plinthe deux cales en bois et enfoncez-les pour dégager la plinthe de manière à avoir un espace de 2 à 3 cm derrière elle.

2 Placez la boîte à onglets contre la plinthe décollée du mur, à une extrémité de la partie à enlever. Sciez la plinthe à 45°, à petits coups de scie pour ne pas entamer le mur. Déplacez la boîte à onglets de l'autre côté de la partie à enlever et procédez de même pour scier la plinthe à 45° en sens inverse.

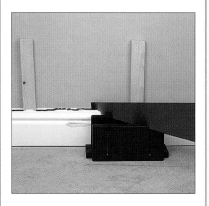

3 Reclouez les deux parties saines de part et d'autre de la section enlevée. Utilisez ce morceau pour

couper exactement à la même dimension un élément neuf, avec la boîte à onglets, en reproduisant bien les angles dans le même sens.

4 Présentez la partie neuve pour vérifier qu'elle se place exactement et rectifiez si nécessaire. Encollez les faces d'onglet et plaquez la section en place. Enlevez les bavures de colle avec un chiffon humide.

5 Complétez la fixation de la section par un clouage avec des pointes tête homme galvanisées. Enfoncez-les au-dessous de la surface avec le chasse-clou. Mastiquez les trous et poncez avant de peindre la partie neuve.

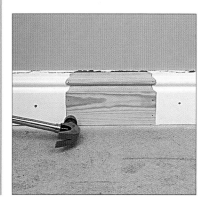

réparer les lambris en bois

Le remplacement d'une
ou de plusieurs lames d'un lambris
en bois se complique du fait
que leurs fixations ne sont pas
accessibles depuis la face extérieure.
Quel que soit le mode de fixation
(clouage biais ou fixettes), les lames
déposées seront donc détruites ;
mais prenez soin de ne pas
endommager les lames voisines.

outillage

perceuse portative
scie à guichet
pince à décoffrer
marteau
tenailles
maillet
ciseau à bois et rabot

1 Du côté de sa languette, percez
la lame endommagée au ras
de son joint avec la lame adjacente,
avec 2 ou 3 trous adjacents pour passer
la lame de la scie à guichet. Dégagez
si besoin au ciseau entre les trous.

2 Sciez en progressant tantôt
vers le haut et tantôt vers le bas,
jusqu'à ce que vous puissiez dégager
la lame à la main. Veillez à ne pas
endommager la lame saine : mieux
vaut scier à l'intérieur de la partie
à retirer, pour enlever plus facilement
les parties endommagées.

3 Sortez la lame endommagée
en faisant levier avec une pince
à décoffrer. Si elle est fixée par clouage
en biais dans sa rainure, la lèvre interne
de celle-ci va rester clouée.
Il vous suffira d'arracher les pointes
qui la retiennent, en veillant
à ne pas arracher la languette de la lame
voisine. Si cela arrive, déposez-la pour
la remplacer elle aussi. En revanche,
la lame se dégage plus facilement
avec un maintien par fixettes.

4 Arrachez toutes les pointes
qui fixaient la ou les lames
enlevées sur les traverses. Utilisez
de préférence des tenailles à prise

latérale et n'appuyez pas
les mâchoires sur les lames saines,
mais interposez une petite cale.

5 Coupez des lames neuves
à la longueur adéquate. Comme
vous ne pourrez pas insérer dans
la rainure de la lame saine la languette
de celle que vous devez replacer
en dernier lieu, arasez-la au moyen
du ciseau à bois et du maillet
et terminez au rabot pour réaliser
un chant bien rectiligne, mais en veillant
à ne pas entamer l'âme de la lame,
au-delà de la base du bouvetage.

6 Insérez une lame côté rainure
et en dernier lieu la lame sans
languette. Clouez les lames neuves
sur les traverses avec des pointes tête
homme, enfoncées au chasse-clou.

conseil d'expert

Assurez-vous d'acheter des lames
neuves ayant la même épaisseur et
la même teinte que celles à remplacer,
avec des bouvetages identiques.

glossaire

corniche

Affaissement – Se produit de façon plus ou moins localisée dans une construction. Il est dû au tassement d'un remblai insuffisamment damé ou à la contraction du terrain par suite d'une sécheresse prolongée.

Architrave – Grosse moulure soulignant le périmètre du dormant d'une ouverture ou la découpe d'une ébrasure.

Araser – Découper les lisières d'un revêtement ; éliminer les irrégularités d'un crépi ou d'un enduit de plâtre.

Astragale – Mode de pose d'un papier peint ou d'un textile mural laissant un espace entre la lisière haute et le plafond (généralement bordé d'une frise).

Barbotine – Produit à base de ciment (naturel ou teinté) destiné à remplir les joints d'un carrelage.

Bastaing (ou **basting**) – Barre de forte section rectangulaire, généralement en pin ou sapin.

Berthelet – Outil d'arasage du plâtre composé d'une lame rectangulaire avec un côté lisse et l'autre dentelé, emmanchée en T dans un plan orthogonal au manche.

Bouvetage – Forme des chants de lames de bois à assembler côte à côte (lambris ou parquet), comprenant une languette médiane sur un chant et une rainure sur l'autre.

Brosse – Pinceau cylindrique dont l'extrémité est taillée en tronc de cône.

Calepinage – Composition décorative combinant des éléments aux décors et aux dimensions différentes, utilisée surtout en carrelage.

Calfater – Combler une fente en y forçant un mastic.

Calicot – Bande en textile poreux noyée dans l'enduit de rebouchage à cheval sur un joint ou une fissure.

Camion – Bac dans lequel on verse la peinture.

Carrelette – Appareil pour réaliser manuellement les coupes droites des carreaux de carrelage.

Chaînage – Élément d'ouvrage réunissant horizontalement deux murs parallèles (en béton ou en profilé d'acier).

Chaise – Élément métallique en forme de U ou de L, fixé dans la maçonnerie pour supporter l'extrémité d'une poutre ou d'une lambourde.

Chant – Face la plus étroite d'un élément de construction (planche, brique, etc.).

Chantourner – Scier selon une ligne courbe.

Chasse-clou – Poinçon à bout plat utilisé pour enfoncer la tête des pointes au-dessous de la surface.

Chevêtre – Poutre portant les solives au droit d'une ouverture dans un plafond.

Chevron – Pièce de bois de section plus ou moins carrée, avec un côté de 40 à 120 mm.

Ciseau de briqueteur – Burin de maçon pourvu d'une bague protège-main sous la tête de frappe.

Connecteur – Plaque d'acier galvanisé aux bords dentelés rabattus d'équerre servant à assembler deux éléments d'une charpente ou d'une travure.

Dormant – Partie fixe d'une huisserie (porte ou fenêtre) fixée à la maçonnerie, sur laquelle s'articulent le ou les dormants.

Ébrasement (ou **Ébrasure**) – Ouverture comprise entre la face interne d'une fenêtre ou d'une porte et le parement intérieur du mur.

Efflorescence – Dépôt blanchâtre provoqué par la remontée en surface des sels générés par la réaction d'éléments acides contenus dans l'eau sur le calcaire contenu dans le mortier.

Embrasure – Ouverture pratiquée dans un mur pour une fenêtre ou une porte.

Les murs de cette chambre d'enfants sont revêtus de deux zones de papier vinyle lavable, séparées par une frise horizontale.

calicot de jointoiement

Embrèvement – Assemblage de pièces en bois par rainure et languette.

Entrait – Pièce horizontale qui relie les arbalétriers d'une ferme de charpente.

Entrevous – Élément de construction des planchers (généralement creux) encastré entre des poutrelles de béton armé de section trapézoïdales.

Étançon – Élément destiné à soutenir provisoirement une partie de construction privée d'appui au cours d'un chantier, jusqu'à réalisation d'un chaînage ou pose d'un linteau.

Faïençage – Défaut de surface d'un revêtement ou d'un parement formé d'une multitude de petites fissures très fines, sans profondeur.

Ferme – Élément triangulaire d'une charpente dont l'entrait – les extrémités de la base – portent sur les murs.

Feuillure – Entaille à faces rectangles dans laquelle vient se loger une autre pièce, fixe ou mobile.

Fixette – Petite pièce d'acier en forme de "Z" très plat munie de perforations pour fixer les lames de lambris ou de parquet.

Fongicide – Produit détruisant les champignons et les moisissures qui s'attaquent aux bois.

Fourrure – Profilé (généralement en acier galvanisé) servant pour assembler des plaques de construction bord à bord.

Frise – Bande de papier peint ou de tissu collée en lisière d'un revêtement.

Gobetis – Couche primaire d'accrochage d'un crépi ou d'un enduit de mortier, réalisée en projetant des truellées de mortier jointives sur le mur.

Gousset – Élément métallique rectangulaire, trapézoïdal ou triangulaire, destiné à renforcer l'assemblage angulaire de deux éléments d'une charpente ou d'une travure.

Gratton – Taloche garnie d'une pièce d'acier

Cette niche qui rompt harmonieusement l'uniformité d'un grand parement est réalisée en éléments moulés.

embouti pour texturer un crépi ou ruginer un parement plâtré.

Giron – Largeur d'une marche d'escalier, mesurée sur la ligne de foulée.

La fixette simplifie énormément la pose d'un lambris – au mur ou au plafond – et même d'un plancher. Elle se cloue ou s'agrafe sur les traverses par les deux trous ovalisés de la base.

Hourder – Assembler des matériaux de construction avec un mortier.

Hourdir – Crépir un mur avec un mortier de ciment ou un mortier bâtard.

Hourdis – Remplissage en maçonnerie entre les solives ou les poutrelles d'un plancher.

Jambage – Montant vertical supportant le linteau qui ferme le haut d'une ouverture.

Jointoiement – Comblement des espaces entre des plaques assemblées côte à côte ou des joints d'un carrelage.

Lambourde – Pièce de bois posée perpendiculairement aux solives d'un plancher, sur laquelle sont clouées les lames du parquet.

Latte – Planche étroite (26 à 55 mm) et de faible épaisseur (5 à 12 mm), à chants droits.

Lé – Bande de papier peint ou de tissu de revêtement coupé à la longueur correspondant à la surface à couvrir (hauteur pour un revêtement mural).

Linteau – Poutre horizontale en bois, en béton ou en profilé d'acier (plus rarement en pierre taillée) qui ferme le haut d'une ouverture et supporte la maçonnerie montée au-dessus.

Listel – Élément de carrelage étroit qui se pose en lisière d'un carrelage ou entre deux zones carrelées.

Madrier – Pièce de bois de section rectangulaire dont les côtés ont un rapport de 2 à 3.

Maroufler – Plaquer un revêtement sur le parement qu'il recouvre en exerçant une pression au moyen d'un outil approprié (brosse, roulette ou spatule).

Massette – Outil de frappe lourd (de 1,2 à 1,5 kg) en acier forgé en forme de parallélépipède rectangle.

Moulure – Baguette décorative ayant une section régulière ou rainurée.

Un lambris – que l'on peut vernir ou peindre – peut recouvrir un mur au parement irrégulier mais en bon état physique.

Onglet – Assemblage de deux pièces par leurs extrémités coupées à la moitié de la valeur de l'angle qu'elles forment.

Parement – Face apparente d'un élément de construction ou d'un mur.

Pige – Tasseau ou latte portant les repères de longueur à reporter.

Plastifiant – Additif à diluer dans l'eau de gâchage pour améliorer la plasticité d'un mortier d'enduction.

Platoir – Truelle rectangulaire à manche parallèle à la lame servant à appliquer le plâtre ou lisser les enduits.

Plinthe – Bande de protection de la base du parement interne des murs, en bois ou en PVC, parfois en carrelage.

Pointerolle – Robuste burin de maçon à longue tige et bout prismatique.

Poteau – Élément vertical de renfort d'un mur, en maçonnerie, en béton ou en bois selon la nature de l'ouvrage.

Primaire – Produit destiné à boucher les pores d'une surface pour favoriser l'accrochage d'une colle.

Pulvérulent – Se dit d'un matériau – généralement d'un enduit – devenant poudreux en surface.

Queue-de-morue – Large pinceau plat.

Queue-de-rat – Lime de section circulaire.

Ragréer – Combler les irrégularités d'une surface au moyen d'un enduit qui permet d'obtenir une surface plane.

chevilles murales

Réchampir – Faire ressortir les contours d'un encadrement par un filet d'une teinte nettement contrastée avec cet encadrement.

Reculement – Distance mesurée horizontalement entre le départ de la volée d'un escalier au niveau bas et son arrivée en haut.

Refend – Se dit d'un mur de structure, généralement porteur, partageant le volume intérieur d'une maison.

Retrait – Contraction d'un ouvrage de maçonnerie hourdé avec un mortier mal dosé ou par un temps trop sec (très froid très chaud).

Rifloir – Grand rabot à dégrossir dont la lame est affûtée légèrement en arc ; ciseau en forme de palette servant à ébarber les ouvrages en plâtre.

Ruginage – Striage de la surface d'un matériau pour faciliter l'accroche de la colle, soit au moyen d'un rabot doté d'un fer à lame en forme de peigne, soit avec un gratton.

Sabot – Pièce métallique en acier galvanisé fixée au mur et portant les extrémités d'un élément de travure.

Sauterelle (ou **fausse équerre**) – Équerre d'angle réglable pour reporter un angle quelconque.

Solive – Pièce de la travure d'un plancher fixée perpendiculairement sur les poutres.

Spatule – Lame trapézoïdale en métal, en bois dur ou en plastique aux usages multiples : marouflage, lissage d'enduit, texturation de crépi, guidage de cutter en arasement, etc.

Stuc – Enduit imitant le marbre et composé de poudre de marbre mélangée avec de la chaux éteinte additionnée de plâtre de Paris.

Suspente – Pièce métallique (fil ou bande d'acier galvanisé) reliant la travure d'un faux plafond à la structure du plafond qu'il masque.

Tableau – Partie de l'encadrement d'une ouverture qui dépasse la face extérieure de l'huisserie (à l'opposé de l'ébrasure).

Taloche – Outil pour transporter une petite quantité de mortier ou à lisser un enduit, composé d'une plaque en bois ou en plastique avec une poignée au dos.

Tasseau – Petite pièce de bois de section carrée ou rectangulaire.

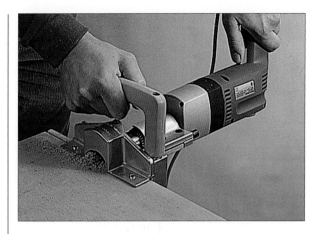

Au lieu d'une défonceuse, on peut utiliser cette tête de fraisage montée sur une perceuse pour rainurer et chanfreiner.

Texturer – Donner un décor en relief à une couche d'enduit, par action mécanique d'objets divers (éponge, cul-de-bouteille, spatule, brosse, etc.)

Tire-fond – Grosse vis à bois à tête carrée vissée au moyen d'une clé plate.

Travure – Ensemble des éléments d'ossature qui portent un plancher ou un plafond.

Virole – Bague métallique sertie à l'extrémité du manche d'un pinceau ou d'une brosse et enserrant les soies.

Volée – Développement d'un escalier entre le palier de départ et l'arrivée.

La recherche d'un "retour à la campagne" a relancé le goût pour les revêtements d'aspect rustique comme la brique, proposée dans une large gamme de nuances.

index

index

143

144

les auteurs

Julian Cassell et Peter Parham ont dirigé pendant des années leur propre société de décoration d'intérieur, ils ont à ce titre revalorisé de nombreuses propriétés grandes ou modestes à travers l'Angleterre. Désireux de partager leurs connaissances étendues dans le domaine de la décoration et leurs trucs de professionnels, ils vous initieront aux techniques requises pour mener à bien les divers travaux de bricolage que vous entreprendrez.

remerciements

L'éditeur remercie pour leur aide les sociétés et les personnes suivantes : Magnet Windows and Doors, Screwfix et A&H Brass Limited. Michael et Sue Read, Mike O'Connor, Kevin Hurley, John et Margaret Dearden et June Parham.

Enfin un merci tout particulier à ceux qui nous ont aidés à réaliser cet ouvrage : Angela Newton, Laura Cullen, Helen Taylor, Iain MacGregor, Natasha Treloar, Tim Ridley et Katrina Moore.

Toutes les photographies sont de Tim Ridley, copyright Murdoch Books (UK) Ltd sauf : p. 6, p. 7 et p. 8 (Elizabeth Whiting Associates), p. 9 (Murdoch Books®/Meredith), p. 14 en haut (C.Pessey/Les Cours), p. 22 et p. 23 (Murdoch Books®/Meredith) sauf p. 23 en bas, à droite (Elizabeth Whiting Associates),p. 25 truelles, fer à joint et taloche (C.Pessey/Les Cours), p. 30 (Corbis), p. 31 en bas à gauche (Corbis), p. 32 et p. 33 (Corbis), p. 40 et p. 41 Graham Cole, p. 48 en haut (C.Pessey/ Les Cours), P. 49 en bas à droite (C.Pessey/Les Cours), p. 55 en bas, à droite (Elizabeth Whiting Associates), p. 63 en bas, à droite (Elizabeth Whiting Associates), p. 71 (C.Pessey/Les Cours), p. 73 en bas, à droite (Elizabeth Whiting Associates), p. 77 au milieu et en bas (C.Pessey/Les Cours), p. 78 en bas (C.Pessey/Les Cours), p. 79 toutes (C.Pessey/Les Cours) sauf en bas à gauche, p. 93 en bas, à droite (Murdoch Books®/Meredith), p. 99 en bas, à droite (Murdoch Books®/Meredith), p. 104 et p. 105 (Murdoch Books®/Meredith), p. 119 en bas, à droite (Elizabeth Whiting Associates), p. 125 (Murdoch Books®/Meredith), p. 126-129 (C.Pessey/Les Cours), p. 136 en bas (C.Pessey/Les Cours), p. 137 en bas (C.Pessey/Les Cours), p. 139 (C.Pessey/Les Cours).

Réalisation de la version française :
Christian Pessey/LES COURS – Caen,
avec la participation de Jean-Claude Trichet (traduction),
Fabien Barbier, Anne Laurence (correction),
Virginie Lehodey (PAO).

Imprimé en Espagne par Graficas Estella
Codif. : 4033502
Dépôt légal : 22255/mai 2002-01
ISBN : 2501036751